ゴディバ ジャパン社長の成功術

Let's Change & Transform Together.

働くことを楽しもう。

徳間書店

まえがき

新たなステップは突然始まる

２０１８年の５月頃のことでした。その朝、私はパレスホテル東京の一室で、ゴディバのオーナー一族ふたりとグローバルの最高経営責任者と一緒にビジネスミーティングを兼ねた朝食をとっていました。

このとき、私の頭のなかには、ゴディバ ジャパンで日本の和菓子屋さんを買収して、ゴディバから和菓子を出すというアイデアや、ゴディバ ジャパンを日本で上場させるという私の提案を、オーナーやグローバルのＣＥＯがどう判断するかということで頭を占めていました。

私は、日本でゴディバ ジャパンが上場すれば、ゴディバグループ全体の利益になると考えていました。資本調達が容易になり、新たな事業投資などができるからです。

ゴディバは大きく分けると、ヨーロッパのゴディバ、アメリカのゴディバ、中学や台湾、香港をまとめたグループ、日本、オーストラリア、ニュージーランドと他のアジアを含めたグループ、それにトラベルリテールというふうに5つのゴディバに分けられています。オーナーはこの5つを所有しており、グローバルのCEOはすべてを束ねる最高経営責任者です。

そして、私は日本のゴディバ ジャパン、オーストラリアやニュージーランド、韓国などを任せられている社長という立場です。

特にゴディバ ジャパンの売上は好調で、この7年間で売上は3倍になっていましたし、日本は単独で、他の地域の売上を超えるようになっていました。要するに、世界の売上の40%をゴディバ ジャパンと私が担当する地域で占めるようになっていたのです。

私は朝食をとりながら、オーナーである会長が上場の件について話し出すのを待っていました。会長は私の顔を見ながら、こんなことを言い始めました。

「上場するというジェロームのアイデアもよいけれど、複雑で準備に時間がかかるので、ゴディバ ジャパンは売却することにしたよ」

私はこのとき、どんな顔をしていたのでしょうか。今だから笑って言えますが、私は心底驚いていたし、動揺していたと思います。

上場するとか、よその会社を買収するとか、前向きのことを考えていたのに、いきなり、自分が社長を任されていた会社が売却されることを告げられたのです。

一瞬にして、いろいろなことが私の頭のなかを駆け巡りました。

ゴディバジャパンの社員たちはどうなるのか？

私は自分の会社が売られることにどのような態度をとればよいのか？

会社が売られたあとの私の立場はどうなるのか？

オーナーである会長は、私に売却は決定事項であると告げたあと、こんなことも付け足しました。

「担当する銀行も決めてあるし、ゴディバも『ゴディバ　ジャパン』売却のためのチームを作ります。ジェロームもそのチームに参加して、このプロジェクトを進めてください」

この話を聞いて、私はさらに動揺しました。売られる会社の社長でありながら、売却を推進するチームの一員でもある。私はどのように振る舞えばよいのか。

このときはまだ、これから1年以上にわたる怒濤のような日々が始まることに私はまだ気づいていませんでした。

新たな学び

この売却プロジェクトによって、私は今までにない新たな経験をし、新たなことを学びました。それは、いろいろなことしなければいけないのに、いろいろなことができないという経験です。

まず、「ゴディバ ジャパンの売却」はゴディバグループの最高機密でした。ですから、最初はそのプロジェクトに参加したごく少数の人間しか、このことを知りませんでした。

私は会社に戻っても、社員の誰にも相談することができなかったのです。徐々に売却プロジェクトが進み、わずかな社員が参加してくるようになるまで、私はひとりでいろいろなことを進めるしかありませんでした。

もうひとつの大きな経験は、私の微妙な立場が生み出したものでした。

私は売却プロジェクトを進めるチームの一員です。この立場から言えば、ゴディバグループに利益をもたらす売却を成立させることが、最優先事項になります。

しかし、売られる会社の社長という立場で言えば、できるだけ売却後も自分の社長という立場が守られ、仕事がやりやすい会社に買収してほしいというのが本音です。

私は利害が相反する立場におかれたのです。私が決めた方針はひとつでした。それは、自分の判断や意見をいっさい言わないということでした。なぜならば、私がこの会社に買ってもらうほうがよいのではないかと言ってしまえば、それはその買収する会社に利することになるからです。

そして、そういった自分の判断や意見は、私が所属する売却プロジェクトチームの利益と必ずしも一致しないからです。とはいえ、私にも願望はあります。当然、自分の気持ちや考えを言いたくなるときもあります。

そこで、私はある方法を考え出しました。みなさん、この話を聞くと笑うかもしれませんが、私が考えたのは次のような方法です。

自分が正しいと思ったこと、自分がそうであってほしいと思ったことを、心のなかで強く思うという方法です。日本語で言うと「念じる」ということになるのでしょうか。

自分ができるすべてのことをやって、あとはただ「念じて」待つのです。

この話をしたら、日本には「人事を尽くして天命を待つ」という言葉があると教えてくれた人がいましたが、多分そういうことなのだと思います。

そして、この「念じる」という方法がいかに有効であったかは、この本の「あとがき」で報告させていただきたいと思います。

ただこの1年を通じて、確信したことがふたつあります。

ひとつは今まで私がビジネスに関して考えてきたこと、それは弓道から多くのものを学んでいますが、そこで学んだ「正射必中」「一射一射」という考え方は決して間違えていないという確信です。

もうひとつの確信は、これも弓道から多くの示唆を得ていますが、人はひとつのステップに進んだら次のステップに進まなければならない。

そしてその次のステップで、今までとは違う努力をしなければならないということです。初段には初段の努力、二段には二段の努力が求められるのです。

私は大学を卒業する頃、初来日し、いろいろなご縁で今日まで日本で仕事をしてきました。

そのなかで、日本の伝統的な考え方、特に、29歳で始めた弓道からは、人生の生き方だけではなく、私の仕事に対する考え方や仕事の方法など、多くの影響を受けました。

その私の話を聞いて、面白がってくれた人がいて、何年か前に私の話を『ターゲット ゴディバはなぜ売上2倍を5年間で達成したのか？』という本にして高橋書店さんが出してくださいました。

その本が出たときから私のいるゴディバも大きく変わりました。先ほども書きましたが、初段には初段の、二段には二段の努力が求められ、私も状況の変化とともに新しい考え方やスキル身につけなければなりませんでした。

私はいま弓道では五段ですが、六段を目指すなら、六段になるための新しい努力と技術的向上が求められることを知っています。

私はビジネスも同じことだと考えています。上を目指すなら、上にふさわしい考え方や、スキルが必要になるのです。

弓道が私たちに教えてくれていることは、私たちが自分の欲望や自分自身をコントロールしながら、他者を活かし、自分を活かして、幸せになる方法です。

一見、このような考え方と、現代ビジネスのあり方は相反するようにも見えますが、私は弓道の理念とビジネスのあり方は矛盾しないと考えています。

別の言い方をすれば、厳しいビジネスの世界でも、私たちは理想を目指して生きることができると私は考えています。

この本に書いてあることが、ビジネスの世界でハッピーになりたいと考えている働く人や、経営者のみなさんにお役に立てばと思います。

そして人生を楽しく、充実したものにするための一助になれば、私もうれしいです。

それでは、あとがきで、またお目にかかりましょう。

働くことを楽しもう。
ゴディバ ジャパン社長の成功術

もくじ

PART 1
自己実現に役立つ11の考え方

PART 2

仕事に役立つ12の考え方

PART 3
夢を叶えるたった1つの考え方

PART 1

自己実現に役立つ11の考え方

結果に悩むより
プロセスを大切にしよう

明日のプレゼンテーションはうまくいくか。営業成績は伸びるだろうか、と仕事の結果に対して、つい不安な気持ちになるもの。そんなときはどうすればいいのでしょうか。

人間の悩みはどこから生まれるか

多くの人は、「自分はうまくやれるのだろうか」と、未来のまだ起こっていない結果について悩んでしまうものです。起こってもいないことに悩んで、精神的に負けてしまう。私たちは、日々、そんなことを繰り返してしまいがちです。

ご存知の方もいらっしゃるかと思いますが、私は30年近く、日本で弓道を習っています。弓道にはとても素敵な考え方があります。

それは「正射必中《せいしゃひっちゅう》」という考え方です。

どういう考え方かというと、「射法八節《しゃほうはっせつ》」という弓を構えてから矢を放つまでの8つのステップを正しく実践すれば、必ず的《まと》に中《あた》るという考え方です。

弓道では、弓を構えてから、矢を放つまでの過程を、足踏《あしぶ》み、胴造《どうづく》り、弓構《ゆがま》え、打起《うちおこ》し、引分《ひきわ》け、会《かい》、離《はな》れ、残心《ざんしん》と呼ばれる8つのステップに分け、これを「射法八節」という言葉で説明しています。

弓道の昇段審査では、審査する先生方は「的」を見ていません。矢を放つ射手のほうは見ても、結果を示す的のほうは見ていないのです。

これは、弓道が正しいプロセスの実践を大切にしていて、「的に中る」という結果は、「正しいプロセス」の結果であるという哲学を持っているからです。

結果より、正しくプロセスを行なうことが大切

私はこの考え方が大好きです。この考え方を受け入れると、私たちはもう結果に思い煩わされることがないからです。

「的に中るだろうか」「フォームは正しいだろうか」「審査の先生は自分を評価してくれるだろうか」というような未来についての不安は、自分が「今していること」に集中しないで、「まだ起きていない結果」に思い煩わされることから生まれます。

弓道の「正射必中」という言葉が私に教えてくれたことは、**自分が今やっていることに集中して、未来や結果について思い悩むな**、ということです。

もちろん私たちは、的に中《あ》てようとして弓道場に向かいます。そして、的に中てたいから、弓を引き、矢を放つのです。しかし、この「的に中てる」という結

果ばかり考えていると、プロセスがおろそかになり、失敗してしまうのです。

結果のことは忘れて、今やっていることに集中しなさい

実際、こういう考え方でいるほうが、よい結果に結びつきやすいものです。「結果」は正しいことをしたときの報酬だと思えばよいのです。そうすれば、私たちは目指した結果を手に入れたときも感謝の気持ちを感じるようになります。

私たちは誰もがビジネスや私生活のなかで結果への欲求を持っています。ですから、この「結果を気にしない」というアプローチは簡単ではないと思います。結果を望むのは人として当然のことだからです。

たとえば、この本を読み始めてくださったあなたは、自分のキャリアや人生で何かを達成したいと思っている人だと思います。

ですから、そういうあなたにこそ、「結果に気をとられない」で仕事の「正しいやり方」に心を集中させる努力を身につけてほしいのです。

「正しいやり方」に心を集中させる努力は、結果のプレッシャーから徐々にあな

たを解放していき、いつか「結果に邪魔されず」によりよい仕事ができるようになります。

自分の義務を果たすためにベストを尽くすことには喜びがあります。そして、この喜びの気持ちは「結果」から独立しています。

しかし、いつの間にか結果だけを追い求めるようになる。よい結果をもたらしたプロセスのことを忘れて、結果だけを見るようになります。そして、いつしか、結果にしばられ、プロセスの大切さを忘れてしまうのです。

そこで踏ん張って、結果のことは一度忘れて、プロセスを正しく実践することに集中する。それが、最良の結果を得られる最善の方法なのです。

さらにこの方法は、私たちを結果のことに頭を悩ますという憂鬱《ゆううつ》な状態から解放してくれます。

私は弓道の修行をすることで、まだ起きていない未来や結果に煩《わずら》わされない考え方を学びました。100%それを実践できているわけではありませんが、弓道を通して、そういう考え方を知り、プロセスを大切にする訓練をしていることは、自分にとって、とても貴重なことだと思います。

プロセスを大切にすることは日本人の得意技

日本には「道」という考え方があります。「弓道」「剣道」「柔道」「合気道」「茶道」「華道」など「道」がつくものはすべて、プロセスをとても大切にしています。結果よりも、そこに至るまでの過程を大切にする。それが「道」のつくものの大きな特徴で、プロセスに対するとても繊細な気配りと、それを実践する人の人格的な成長が、「道」という思想を形作っていると思います。

武術から、日常的なお茶を飲むという行為まで、日本人は多くのものを「道」というものにしています。

プロセスを大切にして人格的な向上を目指す「道」という考え方は、ヨーロッパにはないように思います。これは、日本独自のものではないでしょうか。

ヨーロッパの「マイスター」なども人格的な意味を持つかもしれませんが、職業に限定されたもの。日本の「道」のように趣味の範囲まで含んで、最終的に人格の向上を目指すようなものではないと思います。

私が日本に最初に来た80年代当初、日本の経済は絶好調でした。ソニー、松下電器産業（のちのパナソニック）など、日本の家電製品は世界をリードしていました。私が思うには、この当時の日本企業が元気だったひとつの要因は、企業の内部に「道」の精神が生きていたからではないでしょうか。

各企業のなかで社員は、仕事を通じて自分を磨き、成長する。よいものを作るために努力し、その商品がヒットすることよりも、その商品がよいものであるために努力する精神が息づいていたのでは、と思います。

結果だけを追い求めたとき、日本の企業は必ず弱くなっていき、その本来の強さを失うように思います。それゆえに私は、成果主義や利益偏重主義は、決して日本のグローバル化にはつながらないと考えます。

プロセスを大切に行なう、正しいことをきちんと行なう「正射必中」の考え方こそが真のグローバル化につながる。むしろ、日本人は「正射必中」の考え方をグローバルスタンダードにするぐらい世界に広めるべきではないでしょうか。

正しいことを行ない、まだ起きてもいない結果に煩《わずら》わされない。

プライベートにも、仕事にも役立つ「正射必中」の考え方を、あなたも、ぜひ身につけていただき、日本から世界に発信していただければと思います。

好きな仕事は見つけるまで探し続ける

仕事が面白くない、と感じることがあります。ときにはそれで、仕事を辞めてしまうことも。今の仕事が好きじゃない、苦手だと思ったとき、どうすればいいのでしょうか。

好きな仕事をやるべきか、仕事を好きになるべきか

そんな質問をされることがたまにあります。

好きなことを選んで仕事にできるのは理想だと思います。でも、多くの人が好きなことを仕事に選べていないのも現実なような気がします。

もしあなたが好きなことを仕事にしていないとしたら、どうすればよいのでしょうか。私の意見はこうです。

私たちは自分の好きな仕事を見つける必要があります。
あなたは、「あなたが好きな仕事」を探し続ける必要があるのです。
それが見つかるまであきらめないでください。

好きな仕事を見つけるための鍵は、探し続けることです。

誰でもそうだと思いますが、キャリアの初め、私たちのほとんどは自分の好きなものや、好きでないものを正確に知っているわけではありません。

ですから、いろいろな経験に挑戦し、試してみて、その経験についてよく考えて見たらどうでしょうか。よく考えたあとは、次の可能性に挑戦すればよいと思います。「同じ会社にとどまるにせよ、別の場所に行くにせよ」です。

いろいろなことに挑戦すると、あなたは多くの喜びと不満を経験すると思います。そのときに起こったあなたの感情に素直に耳を傾けると、あなたの感情は、「あなたが好きなこと」をきっと教えてくれると思います。

夢や願いがあなたのなかに生きているなら、それらを死なせてはいけません。物事を思い、願う力は、あなたを努力させ、「それが起こる」機会をもたらすからです。

私たちはいつ「それが起こる」のかを知ることはできません。ただ、それを信じ続けるなら、それは起こるのです。

聖書のなかにも、「求めよ、さらば与えられん」という有名な言葉があります。この言葉の持つ原則は、宗教的な意味だけではなく、精神的な観点や、私たちの現実的なキャリアのような領域でも有効なのではないでしょうか。

「私たちは自分のキャリアの最高経営責任者（CEO）になるべきだ」

という言葉があります。私はこの言葉にいつも感銘を受けています。たとえ私たちが会社の最高経営責任者でなくても、誰もが自分自身のキャリアの最高経営責任者なのです。

つまり、私たちは自分自身を自分の大切な製品のように管理し、自分の競争上の優位性を見つけ、自分の好き嫌い、強み、弱みを理解し、自分の好きな仕事を見つけるために、自分の競争力や強みを活かすべきなのです。

誰もがその内側に才能を持っています。才能は私たちがうまくやれる何かであり、私たちはそれを行なうことに喜びを見出すのです。私たちは自分の経験だけを見つめて、会社、上司、役職などの外的要素を考慮に入れずに、自分のＤＮＡを見つけ出すべきなのです。

本当の自分を探し出す仕事に着手し、ついに自分自身のＤＮＡを発見したとき、私たちは自分の才能を信じられるようになります。そして、あなたのＤＮＡと才能にあった仕事が「自然に」起こり、あなたに機会を与えるのです。

私自身のキャリアと、私が自分の好きな仕事をどうやって見つけたかをお話ししましょう。

私はキャリアの最初の頃から、いつも新しいことに挑戦したいと思っていました。消費者や取引先に新しい製品やサービスを提供するのは本当に楽しいことでした。そして、私が本当に興奮したのは、アイデアを提案し、それを市場で実現することでした。

私は個人的な興味から、大学を卒業後まもなく、フランスを離れて日本で働くことにしました。日本でのキャリアの最初の20年間は容易ではありませんでした。実際、私はフラストレーションをいつも抱えるようになっていました。

私は会社に多くのアイデアを提案していました。しかし次第に、組織の間で多くの時間を無駄に費やしていることと、社内の政治的な理由のためによいアイデアがボツにされていることに気づきました。

外から見れば、私のキャリアは順調に見えていたと思います。有名な会社で働き、地位も給料も上がっていました。しかし、それは私の「好きな仕事」ではありませんでした。

ある日、転機が訪れました。

私はLVMHグループのフランスのヘネシーで働いていたのですが、リヤドロジャパンで社長をやらないかというアプローチを受けたのです。

LVMHは世界的な高級ブランドグループです。リヤドロはそれほど有名ではありません。これは私にとって簡単な決断ではありませんでした。

それでもリヤドロを選択したのは、私のキャリアのなかで消費者に向かい合うことができ、ビジネスを成長させるためにあらゆることを自分で「担当できる」初めての機会だったからです。

私は自分の好きな仕事が何であるのかわかり始めていたので、この選択は私にとってよいものとなりました。

新製品のチームと一緒に、ビジネスモデルを考える。市場でそれらのアイデアを実行してみる。そして、市場の結果を分析する。そのとき以来、これが私の仕事となりました。

リヤドロからゴディバに移っても、私は同じ仕事をしています。これが私の好きな仕事だったのです。**好きなことを仕事にすると、仕事はゲームのようになり**

ます。遊びと仕事が同じになるのです。

それは弓道のようなものです。的（ターゲット）があるので、それを楽しむと同時に、もっと向上するために射撃のフォームをいつでも改善することができます。

それは無限の追求と努力です。

これはビジネスでも同じことだと思います。**あなたがヒットしたかミスしたかは、弓道の的のように市場にいるお客様（ターゲット）が教えてくれます。**

ミスをしたときは、ビジネスのフォームを改善するよいタイミングです。あなたはチームと一緒に、会社のビジネスモデルとプロセスを調整すればよいのです。この「ゲーム感覚」を仕事に取り入れることができたなら、仕事はますます楽しくなると思います。

仕事の本当の意味とは？

日本では、仕事と趣味、仕事と遊びをいつも分けたがります。

そして、形だけでなく、心のなかにも仕事と趣味、仕事と遊びの境界線があるのです。しかし、将来的には、働き方が劇的に変化しているので、この境界線は崩壊するのではないでしょうか。

どういう意味かというと、昔は、働いている場所と働いていない場所がはっきりと分離されていました。

今、このあり方は、大きく変わろうとしています。私たちはオフィスではない別の場所で働く多くの人を見ています。技術がこれを可能にし、遠隔作業ができつつあります。仕事をする場所を決める必要はなくなってきているのです。

そして、私たちの心は場所を必要としません。いつでもどこでも素晴らしいアイデアを考えることができるのです。

将来の会社では、仕事と遊びは本当に統一されるのではないでしょうか。

仕事は遊びになり、遊びは仕事になります。「仕事」と「遊び」には、ともに「楽しみ」と「努力」があると私は考えています。

しかし、この考え方が浸透するには、日本はまだ時間がかかると思います。古いタイプの考え方がまだ根強く残っているからです。

私が今でも覚えていることがあります。

数年前、私の妻は弓道の練習に私のプライベートな時間を使い過ぎていると不平を言いました。

「これは仕事です」

私は真面目に考えてそう答えたのです。なぜなら弓道は趣味であっても、仕事と同じような規律や努力が要求されるからです。

ときどき、会社に行く気がしないと思っても誰もがオフィスに向かうように、私は道場に行きたくなくても、無理をしてでも道場に出かけることがあります。

つまり、仕事も趣味も同じような努力が必要なのです（笑）。

私が「これは仕事だ」と言ったとき、私の妻はすぐに「それは趣味です。それはあなたにお金をまったくもたらしません！」と答えました。

これはわが家のことながら、本当に興味深い例ではないでしょうか。

日本人は仕事とお金を結びつけ、趣味はお金と結びついていないので重要ではないと考えますが、私には物事が違って見えています。

お金をもたらすかどうかは重要な基準ではない。

もっとも重要なことは、考え方です。**あなたが何かを「一生懸命」にするならば、「仕事」も「趣味」も同じなのではないでしょうか。**

私たちは自分の好きなものを見つけなければなりません。そして、努力と規律でそれをやる。これが「仕事」の本当の意味ではないでしょうか。

これからは、私たちは遊ぶように働き、そして、仕事をするように遊ぶべきだと思います。こういう考え方は、これからの時代の、会社や個人の精神的な進化に繋《つな》がると私は考えています。

日本人は趣味と仕事を分けたがる

逆の見方をすると、仕事が好きになれない理由のひとつには、仕事とプライベートの距離感もあるのかもしれません。

どういうことかと言うと、日本人には、仕事の場所では趣味のことを話さない、趣味の場所では仕事の話をしない、と決めている人が多いように思います。

何年も趣味の場所でお会いしているのに、相手の仕事のことは知らない。職場で何十年も一緒に働いている同僚がどんな趣味を持っているかを全然知らない。そんなことはいくらでもあるのではないでしょうか。

「趣味の場所で仕事の話はしたくない」

「仕事にプライベートな趣味を持ち込みたくない」

「仕事は仕事、趣味は趣味」

気持ちはわかりますが、そんなふうに切り離すのはもったいないと思います。

またまた自分の話で恐縮ですが、私の趣味は先ほどお話しした「弓道」です。本当は「趣味」ではなく、「仕事」とか「修行」と呼びたいのですが、私の妻は「ジェローム の弓道は立派な趣味よ」と言い返しますから、やはり「趣味」ということにしておきましょう。

私はよくビジネスのシーンで弓道をたとえにして話をしますし、ゴディバの社員の人たちも私が弓道をしていることを知っています。

また、私は自分のビジネスを考えるときに、弓道の考え方から多くの知恵をもらっています。そういう意味では、私の仕事には趣味の弓道が大きく食い込んでいます。

また逆に、私には国際弓道連盟の理事として、世界の弓道人口を増やしていきたいという夢があります。そのとき役に立つのが、今までのビジネス経験、リヤドロ社やゴディバ ジャパンで社長として実践し、学んできたビジネス戦略やプロモーションの考え方です。

弓道という趣味の領域で、私がみなさんの役に立っているとしたら、それは私の弓道の実力よりも、ビジネスでの経験や知恵かもしれません。

実際、弓道の大先輩は、「シュシャンは、弓は下手だけど一生懸命やっているところがみんなのお手本だ」と私の弓道の実力を評価してくださっています。

これが褒め言葉なのかどうかは、よくわかりませんが、私が国際弓道連盟でお役に立てているとしたら、私のビジネス経験なのでしょう。

仕事に趣味を役立てる、趣味にビジネス経験を役立てる。お互いにお互いを、役立てる。これからの日本は、そういう方向に進んでいけばいいなと思います。

自分のキャリアの最高責任者になろう

終身雇用制度はもはや崩壊の危機。そのうえ20年も経てば、優良企業はがらりと入れ替わる時代です。これから就職や転職を考えるときに大事なことは何でしょうか。

終身雇用を支えきれない日本の企業

２０１９年４月に経団連会長が「終身雇用を続けるのは難しい」と発言し、ニュースになりましたが、これが現状だと思います。

高齢者が増え続ける現在の日本の状況では、年長者の高給を負担しなければならない終身雇用制は、企業の足かせとなりつつあります。

しかし、このような状況になっても、「ひとつの会社で頑張るべきか、転職してキャリを積み重ねるべきですか」と、私に聞いてくる日本の方が多くいます。

転職する、転職しないは、外国人と日本人の考え方の違い、職業観の違いだとまだ考えている人が多くいるのです。

いまや、「ひとつの会社で頑張るべきか、転職してキャリを積み重ねるべきか」という問いかけ自体がナンセンスなものとなりつつあります。多くの日本人が自分の意思とは関係なく、転職する時代が来ているのです。

それなのに、なぜひとつの会社で頑張ろうとするホワイトカラーが存在するのでしょうか。

その大きな原因のひとつは、終身雇用という考え方がまだ日本人の多くに染みついているからではないでしょうか。

「日本も終身雇用という考え方がなくなり、欧米と同じように転職をしてキャリアアップを目指す人が増えてきた」という話があります。

外資系の会社などは、転職を前提として動いている人が多く、一見、日本人の会社への帰属意識も大分変わってきたように見えます。

しかし、現在の日本で転職が増えているひとつの要因は、先ほども述べたように、日本の企業に従業員を生涯にわたって面倒を見る体力がなくなってきていることにあると思います。

さらに、ホワイトカラーの仕事のあり方が変わり、ベテランよりも、人件費の安い若者を求める傾向があることも一因だと思います。ベテランを多く抱えているよりも、若い人を安い人件費で使って、数年したら転職してもらっても構わない。一部では、そういう仕組みができているようにも見えます。

一方で、大手企業や伝統的な上場企業で働くホワイトカラーたちは、まだまだ大きな会社に帰属すること自体が目的となっていて、自分のキャリアアップという見方から会社を選んでいる人が少ないのではないでしょうか。

大きな会社、優良企業に入社することが目的、いい会社に入ることが人生のゴールになっている。そんな人がまだまだ多いように思います。

しかし、いま評判のいい会社に入ること、そこでうまく働き続けるという考え方は、現在では大変リスクのある考え方になりつつあります。

なぜならば、ここ数十年だけを見ても、企業の順位は大きく入れ替わっています。いま私たちがよく名前を聞く会社の多くは、設立されて数十年の会社です。

マイクロソフトが1975年創業、アップルが1976年、ソフトバンクが1981年、アマゾンが1994年、楽天が1997年、グーグルが1998年、いま話題のZOZOも1998年です。

創業50年を超えている会社は1社もありません。創業して20年ぐらいで、大きくなる。これからの時代、この変化のスピードは加速されることがあっても、減速されることはありません。

就職したときにいい会社が、20〜30年後もいい会社である可能性は低いと考えてよいのではないでしょうか。変化の時代に、優良な会社に帰属することを目的とした日本人の就職への意識は、これからは足かせになると思います。

キャリアは「今この瞬間」に管理する

ひとつの会社で働き、ひとつの仕事をし続けることは、なぜ難しくなってきているのでしょうか。

日本企業の体力以外にも、大きな理由があります。それは、時間の質が変わってきたことです。もはや時間は直線的ではなくなっています。

過去をベースにして、今後の5カ年計画を立てるというようなやり方はもう通用しなくなっているのです。これは日本を含む世界的な傾向です。

過去にあった社会の安定性は、いわゆるＶＵＣＡ（ブーカ）という状態に置き換えられています。

Volatility（変動性・不安定さ）、Uncertainty（不確実性・不確定さ）、Complexity（複雑性）、Ambiguity（曖昧性・不明確さ）という4つのキーワードの頭文字から取ったこの言葉が、私たちの今いる状態を的確に表現しています。

このような時代に長期的な計画を立てるというやり方は成立しません。「今この瞬間（by the moment）」に、自分のキャリアを管理する必要があるのです。誰もが考え方を変える必要があります。

先ほども触れましたが、最近、私にインスピレーションを与えてくれた言葉があります。それは、**「誰もが彼自身のキャリアの最高責任者であるべき」**という言葉です。この言葉は弓道の「自分の射は、自分で作る」という言葉を私に思い出させました。

以前の私は、自分の弓の問題（要するに、私がなかなか上達しない）を有名な弓道の先生が奇跡的に解決し、魔法のようなやり方を教えてくれないかと願っていました。しかし、そのようなことは、決して起こりませんでした。

私たちのキャリアにおいても、それは同じです。**自分のキャリアを伸ばすために、私たちはひとつの会社や、ひとりの上司に頼ってはいけないのです。自分のキャリアは、自分で作るしかないのです。**

ひとつの会社で働き続けるという日本的なやり方は、とても安全なアプローチかもしれません。ただ、自分の人格を築き、成長させるということでは、あまり奨励できるやり方ではないかもしれません。

このやり方は、いつまでも親に保護されている子供のようです。ある時点で、私たちは家を離れ、ひとりで世界にあるチャンスと危険に直面する必要があるのです。

転職の最大のメリットは何でしょうか

それは、人として成長し、自分の可能性を最大限に引き出すことです。

誰もが独特の才能と成長する無限の可能性を持っています。

ひとつの会社にとどまることだけを考えた場合、状況によっては、私たちはもう成長できない立場に置かれることになるかもしれません。

毎日出社しても、本当に新しいことや刺激的なことは何も起こらない。

もしあなたがこんな状態にいるとしたら、会社に新しい機会を与えてくれるように頼むいいチャンスです。会社があなたの要求に応えない場合は、それはあなたが別の会社を探すためのいいきっかけになるのではないでしょうか。

これからは、人口と労働力が減少していくので、自己啓発と成長の道を目指す人にはたくさんの仕事があります。そのなかで、あなたの個人的な価値観と会社の価値観を一致させることもできるはずです。

もし価値観が違っていれば、再出発すればいいのです。一生の間に、私たちの価値観は変わりますから、このようなことは、頻繁に起こるかもしれません。

キャリアの最初、20代ぐらいの頃の最大の関心事は、給料や生活の安定、自分に役割を与えてくれる自分の所属する会社の知名度だったりします。まだ自分がどんな価値観を持っているのかさえ気づいていません。

しかし成長するにつれて、私たちは自分の好きなものを見つけ出し、自分なりの価値観を持つようになります。そして、好きなことや、好きでないことがあるのに気づくのです。

その仕事や会社を自分が好きではないと気づいたら、どうすればよいのでしょうか。そのときこそ、自分の道を決め、発見の旅に乗り出せばよいのです。

人はどうやったら、そのような確信が持てるのでしょうか。

確信なんか持てないと思います。

私たちは未知なもの、起きていないことを恐れるようにできているのです。

しかし、あなたがどこにいてもイライラしていると感じたら、それは別の会社があなたを呼んでいるというサインなのではないでしょうか。

労働力としての日本人の可能性

教育レベルが高く、勤勉で真面目、仕事が丁寧で、責任感がある。褒めればきりがないほど、日本人の労働力としての質は世界でもトップクラスだと思います。労働力としての日本人は、世界で十分通用します。

この質の高い日本の働く人たちが、日本の特殊な就職システムに縛られているのは不合理だということです。

日本人はもっと自分のキャリアを積み重ねることを大切にしてもいいのではないでしょうか。

もし、日本の働く人たちが、日本の就職システムや日本の会社組織に不自由さを感じているのなら、世界に飛び出すことも視野に入れてもいいでしょう。

私の知り合いのCEOたち（彼らはいわゆる外資系の社長です）は、日本人が自分たちの会社のグループ内での移動度がいちばん少ないと言って嘆いています。海外での数年間の勤務の機会を多くの日本人が拒んでいるそうです。

しかし、私は海外で働くことを断然おすすめします。本当にその体験が、その人自身と、その人のキャリアを同時に成長させてくれるからです。

日本に働きに来たとき、私はまだ25歳でした。日本語を話せませんでしたし、日本で働くことについて何の知識もありませんでした。でも、私は日々新しいことを発見したり、学ぶことを楽しみました。

そして、そのことが私の成長とキャリアにとってとてもプラスになったのです。

日本人に対して、ステージは開かれています。挑戦したい人は、世界に向かって就職、転職活動を始めることを、私は本気でおすすめします。

そうです。日本人は世界でもっと活躍するべきなのです。

「石の上に三年」は本当に有意義か？

会社を辞めたいと思ったときに、「もう少し頑張ればいいことがある」「石の上にも三年」と周囲からよく言われます。そんな厳しい環境に耐えることに意味はあるのでしょうか。

仕事が面白くない？

「仕事が面白くないので会社を辞めたい。どうすればよいと思いますか」

若い人から、そんな質問を受けることがあります。

私は「面白くないなら、辞めればいいのではないか」と思います。ただ、日本には別の考え方があるようです。

「石の上にも三年」という考え方です。

日本では、若い人が会社を辞めたいと言ったとき、上司が部下を慰留するのによく使われる諺《ことわざ》のようです。

最初は冷たい石でも長いあいだ座り続ければ温かくなる。ここから転じて、つらくても我慢して努力していればいつかは成功するという意味で使われているようです。

要するに、つらくても我慢して、もう少しここで頑張りなさいということだと思います。厳しい環境でも我慢して働いていれば、それなりの成果が得られる。「石の上にも三年」は、見識のある考え方です。

特に熟練を要する仕事であれば、ある期間我慢してやらなければ上達は望めないし、仕事の面白さも理解できないということがあるでしょう。

仏像を彫る仕事とか、宮大工さん、和食や寿司の職人さん。それから、私がやっている弓道でいえば、弓師、矢師、かけ師という職人さんがいます。

これらの職人さんになるには、それなりの修業が必要で、一人前になるまでに時間がかかると思います。こういう職人さんたちには、「石の上にも三年」というような状況があるのではないかと思います。

ただ、こうして修業している職人さんたちが自分の仕事を面白くないと思っているかどうかは別の話のような気がします。たぶん、彼らは面白くて興味があるから、その仕事を選んでいるのではないでしょうか。

このような熟練を要する職人さんたちの仕事とホワイトカラーの仕事を、「石の上にも三年」という言葉の同一線上で語るのは違うように思います。

何度も繰り返しますが、現代のビジネスは、今までにないスピードで進んでいます。そのような時代のなかで、**ある一定期間を、仕事を面白くないと思いながら我慢して過ごすのは、むしろ時間の無駄遣いではないでしょうか。**

会社が働きやすい環境を作る時代

私がこのお話のなかで注目したいのは、「石の上」という言葉です。

ここでは、職場が石の上に座るような厳しい環境、つらい状況という意味で使われているのだと思います。

会社を辞めるかどうか考えるときに、「石の上にも三年」という言葉が出てしまうということは、その職場の環境があまりよくないことを示唆しているのではないでしょうか。

今は、それぞれの会社が働きやすい環境を作ろうと工夫している時代です。そんな時代に「石」のような環境の職場で働く必要はないように思います。

会社を辞めたいという若い人に、「石の上にも三年だから、もう少し頑張りなさい」という言い方は、もはや説得力を失いつつあるのではないでしょうか。

前の項でも申し上げましたが、今は終身雇用制が揺らいでいる時代です。

これは、働く人にとって厳しい時代が来たという捉《とら》え方もあるかもしれませんが、**多くの人がいやな会社で我慢して働く必要のない社会がやってきた**という捉え方もできるのではないでしょうか。

現代ビジネスの世界では、熟練者よりも、消費者の動向に目を向けて新しい発想を生み出せる人を必要としています。そして、会社はその新しい発想を吸い上げて、実現していくことが求められています。

そんな時代状況のなかで、働く人に「石の上にも三年」というような思いをさせているとしたら、その会社はビジネスの世界でかなり後《おく》れを取っているのではないでしょうか。

弓道には「巻き藁三年」という言葉がある

ホワイトカラーはピーター・ドラッカーによって「ナレッジワーカー」と呼ばれています。これは仕事をするためにアイデアを提供し、知的生産物を創造しているということです。

弓道や寿司職人などの手や体を使った伝統的な芸術や職人の世界とは、大きく異なります。寿司職人は「飯炊《めした》き三年、握り八年」、うなぎ屋さんは「串打ち三年、裂《さ》き八年、焼き一生」と言うそうですが、体にそれを覚えさせて「身につける」には長い時間と訓練が必要です。

しかし、このような職人の世界のあり方と、企業の世界の「ナレッジワーカー」はあまり関係ないのではないでしょうか。

世界は日々、非常に速い速度で動いており、ある意味では、何世紀にもわたって技術を継承している伝統的な世界とは逆になっています。

それでは、会社で働いている私たちはどうしたらよいのでしょうか。職場の環境がハードになったら、会社を辞めるのか。

この質問に答えられるのは、あなたしかいません。

あなたに合わない会社に長くいる理由はありません。重要なことは、自分の価値観を検証し、それが会社の価値観に合っているかどうかを確認することではないでしょうか。価値観は私たちにとって大切なものです。私たちは自分の価値観をきちんと定義するために、それを追求しなければなりません。

個人も会社もお互いに変化しています。価値観にギャップができたときに会社にとどまるのは健康的ではありません。

クリエイティビティと誠実さがあなたにとって重要な価値であれば、クリエイティビティに重きを置かず、スタッフによる意見交換もないような環境に長くとどまることは意味がありません。

「石の上にも三年」にこだわることは自分にストレスを与えるだけです。我慢していても、自分が大切にしているものと会社が大切にしているものとの差はさらに大きくなるだけだと思います。

私たちの価値観と会社の価値観との差が大きすぎる場合、会社内で仕事や部門を変えるチャンスです。仕事への欲求不満は、変化を求めるきっかけになります。

まず、会社や上司があなたの要求にどのように応えてくれるかを見るべきです。あなたの声に耳を傾けて、あなたの発展を支えてくれるなら、会社にあなたの未来があるサインです。あなたは成長して学び続けるでしょう。

上司や会社があなたの要求を無視して「我慢」を求めた場合、これは「我慢」する必要がない、他のチャンスを探そうというサインです。

自分と会社に対して誠意のある行動は、前進することです。企業の世界は急速に動いています。そこで、「石の上にも三年」はもはや効果的ではないでしょう。

「ご縁」は自分で作るもの

仕事で取引先を選ぶときに、日本人は相手の規模や実績、これまでの付き合いなどの固定観念に縛られがちです。予定調和より「ご縁」の出会いにこそ多くのヒントがあります。

「ご縁」は日本だけの言葉？

何年か前、アメリカ人の元大学教授と興味深い話し合いをしました。

私の前著『ターゲット』（高橋書店）という本に英語の文章を入れようということになり、その英文を彼に書いてもらうことになったのです。

フランス人の私の英語では、ネイティブにとって不自然なところがあるかもしれないという配慮からです。

彼に書いてもらった英文は短いセンテンスでした。その英文については、彼と私の間でいくつかやりとりがありましたが、スムーズにいきました。

ところが、彼が私の原稿のある部分に疑問を呈したのです。

「日本にはご縁という言葉があります。この不思議な言葉は日本にしかないユニークなものだと思います」

という一文についてでした。

彼は日本で英語を教え、日本の文学作品を英文に翻訳している人ですから、語学の専門家です。

語学の専門家でもある彼からすると、その国にしかない言葉はほとんどなく、探せば何かしら、その言葉に該当する言葉がほかにあるから、「日本にしかない」と書いてはいけないと言うのです。

そして、彼は「ご縁」に該当する言葉として、「Fate（運命）」「Karma（業《ごう》、因縁）」などの英語を挙げました。

しかし、私にはこれらの単語の持つ意味が、日本で使われている「ご縁」の意味よりもっと重い意味があるように思えたのです。

また、私たちフランス人で考えても、普通の会話のなかで「あなたと会えたのは運命だ」みたいな言い方はあまりしないと思います。

私にとって「ご縁」は、「運命」や「因縁」よりももっと軽やかなイメージなのです。

「あの人とはご縁がありまして」

「これも何かのご縁ですね」

「またご縁がありましたら」

これらの言い方には、運命のように定められて、逃《のが》れられないものという意味はないように思います。

ちょっとしたきっかけがあって知り合う。そのきっかけを大切にして、結びつきを深いものに築き上げていく。それが、私の持つ「ご縁」という言葉に対するイメージなのです。

そして、この「ご縁」という言葉が日常的に残っていることが日本という国の素晴らしさなのではないでしょうか。

人脈をどうやって作るか

「シュシャンさんは、日本で人脈をどうやって作ったのですか」

と聞かれることがあります。

「自分の母国ではない日本で人脈を築くのはとても難しいでしょう」という趣旨で、質問される方はお尋ねになったのだと思います。

そんなとき、私はこうお答えしています。

「今の私があるのはすべてご縁です」

私が初めて日本に来たのは1983年、私がまだ大学生のときです。この年はちょうど東京ディズニーランドが開園した年でもあります。

禅に興味があった私は禅寺で有名な福井県の永平寺に行こうと思い、日本に着いた翌日に高速道路の入り口で、福井と書いた紙を持って立っていました。夜の8時頃です。

なかなか車を停めてくれる人がいなくて、私は日本ではヒッチハイクは難しいのかなと半ば諦めかけていました。

そのとき、キャンピングカーが停まり、ドライバーの男性が、途中の御殿場《ごてんば》というところまでであれば、乗せて行ってあげると言いました。

御殿場へ向かう途中でわかったのですが、その男性は菅原義正という日本の有名なラリードライバーで、ちょうどその年の1月にパリ・ダカール・ラリーに初参加したばかりだということでした。

その菅原さんは、フランスから来た青年を偶然自分の車に乗せたことを喜んでくれて、途中の温泉で私にすき焼きという食べ物をご馳走してくれました（私が初めて食べた日本のすき焼きです）。

その当時、私はまだ日本語はできませんでしたが、菅原さんと話が弾《はず》み、私たちは再会の約束をしました。

私は約束を果たすため、その旅行の最後に菅原さんの家を訪ねました。そこで泊《と》めてもらいながら、「また日本に来るときは自分に連絡するように」と菅原さんに言っていただきました。

これが、日本と私の「ご縁」の始まりです。

そして、私が日本に再来日したときや、日本で仕事をしようとしたときに、いろいろと応援してくださったのがこの偶然出会った菅原さんなのです。

自ら動いて得た出会いをもっと大切に

日本の「ご縁」が私に教えてくれたことを思い起こすと、日本人はもっと「ご縁」を大切にしたほうがよいと思います。

ご縁とは何かをもう一度考えてみたいと思います。

菅原さんと私の関係で言えば、高速の入り口で立つという私のアクションがあり、その私を受け入れてくれた菅原さんがいました。私はこの関係がご縁だと思うのです。

もし、菅原さんと私が運命で繋がっていたならば、私が何もしなくても、私と菅原さんはどこかで出会っていたでしょう。しかし、ご縁は私が何もしない限り始まらないし、相手が受け入れてくれない限り、始まらないのです

新幹線のなかで偶然に乗り合わせる。「どちらへ行かれるのですか」と声をかける。このとき、「すみません。眠いので話しかけないでください」と相手が言ったら、もう「ご縁」は生まれません。

相手が「京都へ行きます。あなたは、どちらへ?」と言ってくれるから、「ご縁」が始まるのです。

取引先や仕事のパートナーを決めるとき、日本では相手の会社の規模、取引実績、ネームバリューで決める傾向があるように思います。

偶然ある人と出会い、話を聞いて面白いので、その会社を呼ぼうとすると、

「取引実績がありません」「調査させてください」と返事が戻ってきたりします。

しかし、「取引実績がない」「コネクションがない」とばかり言っていたら新しい出会いは生まれないのではないでしょうか。**多くの日本人が、固定観念という色眼鏡《いろめがね》で、視野を狭《せば》めているように感じます。**

まず、連絡してみる。相手と会ってみる。話を聞いてみる。そのとき、自分の予想とは違う専門性を相手の会社が持っていて、それがビジネスのヒントになるということはいくらでもあります。

会う前に判断して、門戸《もんこ》を閉ざす。仲間内だけで仕事をするという考え方は、ビジネスでの「ご縁」を大切にしていないように思います。

取引先を限定せず、複数の会社と取引してみる。さまざまなところに行って、いろいろな人と話す。話すことを通じて、「ご縁」が生まれる。日本のビジネスには、そういう出会いがもっとあってもよいように思います。

自分でアクションを積極的に起こす。そして、それに応えてくれる人がいる。

ご縁とはそういうものだと思いますし、ご縁はいたる所にあります。

日本のみなさん、たくさんある「ご縁」を無駄にしてはいけませんよ。

競争相手のことより自分自身を見つめる

ビジネスがうまくいかないとき、景気や競争相手、市場環境が原因だと考えがちです。でも、それらは自分で変えられないものです。自分で変えられるものに目を向けましょう。

失敗や挫折のない人生など、あり得ない

私のやっている弓道でいえば、どんな名人でも、常に的に中て続けることはできません。これは弓道だけではなく、すべてにおいて言えることだと思います。人生に百発百中はないのです。

しかし、成功が続くと、人はこのことを忘れがちになってしまいます。なぜ失敗したのかをよく考えず、まわりや相手、環境のせいにしてしまいます。

弓道場では、練習前によく「礼記射義《らいきしゃぎ》」という孔子の教えの言葉を、みんなで唱和します。その一節のなかに、こんなフレーズがあります。

発《はっ》して中《あた》らざるときは、則《すなわ》ち己《おのれ》に勝つ者を怨《うら》みず。反《かえ》ってこれを己に求むるのみ。

「発して中らざるとき」とは、弓を引いて中らないときは、という意味です。弓を引いて中らなかったからといって、自分に勝った相手を恨んではいけませんよ。

逆に、中らなかった原因を自分に求めなさい、ということがこの一節の文意だと思います。弓を引いているのは自分だから、中らなかったのは自分の責任。当たり前のようですが、このように考えることがなかなかできないのです。

「いつもの道場じゃないから」

「あそこにいる人が気になったから」

「どうも体が本調子じゃないから」

「弓の具合がおかしいから」

と、いろいろなもののせいにしがちです。

しかし、このような思考でいると事態は改善されないし、自分自身を改善しようとも思わないので、上達することが難しくなるのです。

レストランという業種で考えてみるとわかりやすいかもしれません。

「うちにお客さんが来ないのは、通りの向こうにあの店ができたからだ」

「うちのほうが美味しいのに客が向こうに行くのは、最近のお客さんは味がわからないからだ」

こういう考えだと、自分を改善するという部分が抜け落ちてしまいます。

「お客さんはなぜ、通りの向こうの店に行くのだろう」
「あの店にあって、自分の店にないものは何だろう」
「お客さんは、美味しくないのに、なぜあの店に行くのか」
「美味しいのに、お客さんが来ない自分のお店の問題点は何だろうか」

そう考え始めることで、進歩や改善が始まるのだと思います。失敗したときや、うまくいかないときこそ、自己を見つめ直し、改善するチャンスなのです。

自分自身を見つめることで多くのことが見えてくる

先ほどの「礼記射義」の考え方とは、戦いは常に自分自身との戦いであるという教えです。これはビジネスの世界では新しいアプローチだと私は思います。

ビジネスの世界では、すべてが他者との競争に関連づけられます。

マイケル・ポーターは『競争の戦略』で、有名な「5フォース」という戦略的分析を示し、環境と競争相手に対して、自分の会社を競争相手と関係づけたフレームワークのなかに配置する考え方を示しました。

この考え方によれば、われわれはいつでも他者との競争関係のなかに身を置かなければならないのです。

しかし、時代は大きな技術的変化と絶えざる分裂を繰り返しています。私たちのまわりはすべて流動的で、環境は絶え間なく変化しています。他者との関係や競争のなかに自分を置くということは、絶えず外部の変化に影響され、翻弄されかねない危険性があります。

外側を見るのではなく、自分自身の内側を見る。この新しい視点を持つことがこれからは重要なのではないでしょうか。これは、会社のトップマネジメントだけでなく、各部門、スタッフ個人にも有効な考え方だと思います。

気をつけていないと、私たちはいつも外部の要因に目を向けてしまうのです。スポーツでいえば、競争相手、競技場、ルール、ホームなのかアウェイなのか、そういった外部環境に目を奪われがちです。企業でいえば、競合相手、市場、消費動向や景気といったものに左右されると考えがちです。

「うちの商品が売れないのは、景気が悪いせいだ」とすると改善の余地はありません。景気は一個人や一企業ではどうしようもないからです。むしろ、このようなときこそ、自社を見つめ直し、問題点を探ることが、新たな進歩、飛躍につながるのではないでしょうか。

夏のゴディバはかつて、売れ行きがあまりよくありませんでした。それは、夏は暑くてチョコレートが溶けるというイメージがあったからです。夏のチョコレートは避けられるのです。

そこで私たちは、夏に強い商品を考えました。それが、「ショコリキサー」と「クッキーアソートメント」です。ショコリキサーは冷たい飲み物。クッキーアソートメントは夏の暑さにも強いクッキーが主体の詰め合わせ商品です。

いずれもゴディバのヒット商品となりましたが、夏に弱いというゴディバの弱点を見つめ直したからこそ生まれたヒット商品です。

環境や競合など、自分以外のせいにすることは簡単です。しかし、そこからは何も生まれません。自分の問題点を見つめ、改善することこそが、次のよいステップへの飛躍となります。

私は「礼記射義」の言葉を大切にしていきたいと思います。

自国の文化・慣習を英語で語ろう

「英語が苦手」という日本人が大勢います。なぜ、英語をうまく話せないことに劣等感を抱くのでしょうか。日本人ならむしろ、英語が苦手で当たり前だと思います。

なぜ、日本人はなぜ英語が苦手なのか

ときどき、こういう質問をされることがあります。しかし、この質問はよく考えてみると不思議な質問です。たとえば、こういう質問に置き換えてみるとよくわかります。

「フランス人はなぜ日本語が苦手なのでしょうか」

質問されたフランス人は、こう答えると思います。

「それは、当たり前です。私たちは日本人ではないからです」

よく考えると、苦手で当たり前なのです。これまで日本人は英語を話す必要がなく、日本語だけで通じる世界で生きてきました。英語を話す必要がなく、話さなくてもよい環境にいるから英語が下手なだけです。

その証拠に、アメリカで暮らす日本人が、アメリカで暮らす他の国から来た人たちよりも、英語が特別に下手だということはないでしょう。

だから、英語のうまい下手は、単純にその必要性と使う頻度の問題ではないかと思います。

ただ、これからは、今までのように日本語だけでやっていくというふうにはいかないことは確かだと思います。

グローバル化や人手不足によって、いろいろな国の人々が日本にやってきて働くことになるからです。現に、私のようなフランス人が、日本で働いています。

いろいろな国の人が集まったとき、話す言葉は残念ながら英語が共用語です。私などは、共用語がフランス語であったらどんなによいかと思いますが、残念ながらさまざまな国の人と話すのに使われるビジネス共用語は英語です。

英語を公用語・準公用語としている国の総人口は、世界の約70億人のなかで約25%だそうです。そうすると、英語が母国語でなく、他の言語を話している国の総人口が約75%ということになります。

これは何を意味するかというと、これからどんどんグローバル化が進むと、英語のネイティブではない人と英語で話す機会が圧倒的に増えるということです。

現に、私の会社の日本人スタッフは、私と英語で話していますが、私は英語のネイティブではないので、英語を使って非ネイティブ同士が話し合っている状況だと言えます。

どちらかが完璧な英語を話せればよいのかもしれませんが、グローバル化が進むと、これからはどちらも完璧な英語を話せない、という状況が生まれてくるのです。

完璧主義を捨てる

こういう認識を持つことが重要だと思います。日本人は外国人を見ると、つい英語を巧みに話せると思いがちですが、世界には英語を巧みに話せない非ネイティブな外国人のほうが圧倒的に多いのです。

みんな下手だから、気にせずに話す。

非ネイティブ同士で、英語をどんどん使わざるを得ない。これからの日本でもそういう状況になっていくはずです。

それなのに人間は、語学を勉強するとき、なぜか完璧主義になりがちです。

私も、日本人がたくさん出席するようなパーティーでは、日本語でスピーチをします。そして、スピーチが終わると、あそこの日本語の言い方を間違えたとか、もっといい言い方があったのではないか、と自分の失敗を振り返り、とても落ち込んでしまったりします。

でも、私のスピーチを聴いていた日本人に「どうだった?」と尋ねると、「すごくよかったよ」「バッチリだったよ」と言ってくれます。

最初はお世辞じゃないかと思っていましたが、そうでもなく、本当に心から褒めてくれているのです。

どうして、そうなのでしょうか。

いろいろ考えて、よくわかったことがあります。まわりの日本人は、私の日本語が、あまりうまくないことをよく知っています。だから、誰も私の間違いを気にせず、内容だけをくみ取ってくれようとします。日本語の言い方が下手でも、誰も気にしません。

演説の前、私は文法について心配していました。特に日本語の「は」「が」「で」「に」とかです。私は間違うことが好きではないし、間違えないようにすることもプレッシャーです。しかし、スピーチの時間が来たとき、私には心配を忘れ前に進むしか選択肢がなかったのです。

昇段試験で道場に入ったときのような気分です。私が「礼」した瞬間、「本番」が始まり、自分の日本語のテクニックがどのくらいであるか、心配するチャンスはありませんでした。

私たちは、未知の中に飛び込まなければならないのです。

未知の世界に飛び込む勇気

未知の世界に飛び込むことは、日本人にとっていちばん難しいことかもしれません。事前に知っておきたい、知っていることを繰り返したい、準備をしておきたい。そういう傾向が日本人にはあると思います。

日本人は細部をコントロールしたいし、完璧で正しいセンテンスを目指したいのです。

このような完璧を目指す日本人の傾向は、よい製品を作り、それを常に改善するのに非常に役立って来ました。そのため、日本はおそらく世界でもっとも高い水準の製品とサービスを持っているのです。

しかし、この日本人の持つ完璧を目指す「心がけ」は、言語を学ぶのに役立ちません。

言語を学ぶには、間違わなければならないからです。

言葉を学ぶということは、「正しくない」文を作り、他の人の前で恥をかくことを受け入れるということです。あなたは間違いを気にしないで、何度も何度も失敗しなければなりません。そして突然、あなたは間違わなくなり、うまく話せるようになるのです。

「やってみる」という考え方を受け入れて、間違いを犯すことを自分自身に許すのです。実際、間違いを犯してもなんの問題もありません。

日本語を学ぶとき、文法上の間違いを気にせず、私の努力を支えてくれた人たちがいました。

彼らが大切にしていたのは、言葉でも、文章の読み方でもありませんでした。ボディランゲージを含むコミュニケーションそのものでした。

私の言いたいこと、私の「気持ち」を感じることができれば、私の日本語が完璧でなくても問題がないと彼らは私に言ってくれました。

言葉はコミュニケーションのツールです。重要なのはあなたが心からコミュニケーションしようとしていることです。重要なのはツールではありません。

英語を話すことは試すことから始まります。あなたが出会うかもしれないどんなチャンスもつかんでください。

自分たちの文化や習慣を英語で話そう

英語のうまい下手を意識するよりも、日本人はもっと英語で自分たちのことを話せるように、日本のことを勉強したらどうでしょうか。

これは、「自分のことを英語で説明できるようになろう」という話ではありません。日本人は、自分たちの歴史や文化、習慣、食べもの、そういうものにもっと関心を向けて、知っていてもよいのではないかということです。

日本に来ている外国人の多くは、日本に興味がある人間です。たとえば、私の日本に対する最初の興味は「禅」でした。

しかし、禅のことを尋ねても、禅のことをくわしく知っている日本人はあまりいませんでした。それらの文化は，日本の生活に溶け込んでいるので、日本人はあまり意識していないのです。

もう一度自分たちの素晴らしい文化に目を向けて、「このお寺がおすすめだよ」というような話ができてもよいのではないでしょうか。

どこのお寺が好きですか。そのお寺は何がおすすめですか。

能と狂言はどこがどう違うのですか。

歌舞伎は何を見ればよいですか。

畳って、何でできているんですか。

醤油はどうやって作るんですか。

これらの質問にスムーズに答えられる日本人は多くないのではないでしょうか。

日本語は、自分の顔や体を通して他の人々の心を読むために世界でもっとも洗練された言語かもしれません。日本人は、本当に他の人の心を読むことができると思います。日本人の感情や感覚が言葉を超えているからでしょうか。

これは非常に素晴らしい性質だと思います。ただ、反対に次のようなデメリットがあると思います。

それは、日本人が言葉や言葉を通じたコミュニケーションにあまり重点をおかないということです。そうすると、言葉で自分を表現することがあまりうまくならないのです。

ビジネス会議で、私はこの場面によく出会います。

アメリカ人やヨーロッパ人はビジネス会議でよく話します。そして、彼らは話を止めることが決してないように見えます。反対に、私が会議で出会う日本人の同僚たちは、はるかに言葉数が少ないのです。彼らは雰囲気を読み、感じますが、あまり話さないのです。

つまり、日本人にとって言葉の重要性は、外国人より低いのではないでしょうか。しかし、外国語を話すときは言葉をたくさん使う必要があると思います。

英語を上達させるためには、日本語も上達させる必要があるのではないでしょうか。

会議やビジネスシーンでの日本語のコミュニケーションスキルが上達すれば、それは英語でのコミュニケーションスキルにもよい影響を与えると思います。

日本語での会議であまり話さない人が，英語を使った会議で話せるようにはならないと思います。

英語でのコミュニケーションスキルを上げるためには、まず日本語でもっとコミュニケーションをとる必要があるのかもしれません。

グローバル化とは何か

私は、グローバル化とは世界の考え方にすべて従うということではないと思います。日本人が日本の文化を背負って、世界のいろいろな考え方と競い合って、新しい価値観を築いていく。それが、本当のグローバル化だと思っています。

自分たちの文化を大切にしないで、グローバル化へつき進むということは、文化の植民地化を生む危険性があるように思えます。

私は日本の人たちには、私の大好きな弓道をはじめ、日本の美しい文化をこれからも守り続けていただきたいのです。世界はグローバル化していくと思いますが、それは決してローカルな文化を捨てるということではないと思います。

人と出会うから仕事は楽しい

肩ひじ張らず、営業しようなどの目的を持たず、さまざまな人に会いましょう。会いたい人に会うでも、偶然の出会いでもいいです。そこから生まれるご縁、仕事があります。

人との出会いが新しいことを生み出す原動力

会いたくなったら、その人に直接連絡を取り、会いに行く。そして、自分の考えを聞いてもらう。私のやり方はいつもそうです。**ご縁は偶然の出会いからできることもありますが、自分で作ることもできると思います。**

私が理事を務《つと》めている国際弓道連盟は、2018年に東京で第三回世界弓道大会を開きました。その前の第二回大会は、2014年に私の母国フランスのパリで開催されました。

このパリ大会のとき、私は世界弓道大会が、日本でも、フランスでもあまり知られていないことに気づきました。

パリで行なわれる弓道大会を、もっと世の中に知ってもらうよい方法はないか。私はそのとき、当時フランスの駐日大使だったクリスチャン・マセ大使のことを思い出しました。

大使とは一度パーティーで紹介されたことがあっただけの関係でした。多分、10秒ぐらいしか言葉を交わさなかったのではないでしょうか。

ただ、そのときの彼の印象がとてもよかったので、なんとなく彼なら協力してくれるのではないかと考えたのです。私はマセ大使に手紙を書くことにしました。私の書いた手紙の内容は、世界弓道大会がパリで行なわれること、第一回大会の優勝国がフランスであること、世界弓道大会が世の中に知られていないから協力してほしいということでした。

しばらくすると、フランス大使館から話を聞きたいから大使館に来てくれないかという連絡がありました。私は大使館に出向き、マセ駐日大使に日本の弓道のことや世界大会のことを詳しく説明しました。

私の話を聞いて、マセ駐日大使は、世界大会に参加する国とマスコミをフランス大使館に招待し、プレス発表と結団式をやることを約束してくれました。

美しいフランス大使館の庭で行なわれたその日のセレモニーのことを、私は今でも忘れません。マセ駐日大使と出会い、ご縁ができたことで、そのすばらしいセレモニーが実現したのです。

やはり人と会わなければ何も生まれない。人との出会いが新しいことを生み出すと、私は信じています。

社外の人と会うことの重要さ

社長としての私の会議のほとんどは社内会議です。各チームから出されたプロジェクトについて話し合い、それに決定を出すことが仕事となります。日々、このようなアプローチをしていると、考え方は会社の日常業務と議題によって制限されてしまいます。

しかし、これらの会議から新しいアイデアが生まれることや、刺激を受けることはめったにありません。

私の新しいアイデアやエネルギーのほとんどは、会社の外部ネットワークとつながることから生まれています。そのような種類の会議には私を参加させるように、アシスタントにお願いしています。

私はこれらの会議によく行きますが、そこでは議論のために特定の議題というものはありません。一般的な人々の関心事や業界のことを話し合うだけです。

このような場で、私は自分が社内にいるときよりもはるかにオープンで、柔軟であることに気づきました。「社長という立場」ではなく、仲間と話し合い、アイデアを交換するだけです。そしてこういう瞬間こそ、創造性が現れるのです。

人との出会いを自分で作り、機会を待つ。これが重要だと思います。そして、出会いを作り続けていると、いずれ機会が熟し、何かが生まれることがあります。

「タカラトミー」の社長だったハロルド・ジョージ・メイ氏も私にとってはとても重要な社外の人です。

メイ氏は6カ国語に通じていて、英語だけではなく、とても巧みに日本語を話します。また、日本語を話すだけではなく、日本の文化に対する造詣《ぞうけい》がとても深い人です。

彼の日本に対する知識は、外国人が知っている日本についての知識というものではありません。もしかしたら、日本人以上に日本のことを知っているのではないかと思わせるほどです。

仕事が目的で会っていたわけではないのですが、たまたま、私が彼にゴディバでチョコレート入りのドリンクを出してみたいというアイデアを話すと、彼はそのアイデアを面白がり、メーカーを紹介してくれました。

このときのアイデアが形になったものが、森永乳業の「GODIVAミルクチョコレート」です。読者のみなさんのなかにも召し上がった方がいらっしゃるのではないでしょうか。

たぶん、彼が森永乳業を紹介してくれていなかったら、この商品は世に出ていなかったか、もっと発売が遅れていたのではないかと思います。

また、彼から面白い提案を受けたこともあります。

それは、リカちゃん人形がゴディバの制服を着て、ゴディバのアンバサダーになるというユニークなものでした。私は彼の提案が気に入り、その提案を会社で検討することにしました。

実際に、ゴディバの制服を着たリカちゃんを見かけた方もいらっしゃると思います。

メイ氏との出会いなどは、人との出会いが仕事を生み出した例だと言えるでしょう。あまり仕事のことばかり考えず、人との出会い、ご縁を純粋に楽しむということも必要なのではないでしょうか。そこから生まれてくるものも、たくさんあると思います。

新しい仕事は社外にある

人との出会いやチャンスは公式的な紹介では生まれません。それは自分自身で努力すること、自分をオープンにしていること、そして、アイデアを交換することによって生まれるのです。

これらの努力の結果は、しばらくしてから、ビジネスチャンスとなって現れます。それは最初の出会いでは潜在的であり、その時点では誰もその出会いにビジネスとしての成果を期待していません。しかし、「ご縁」は成熟し、成果をもたらすのです。

私の人との出会いの多くは正式な紹介とかではなく、自分で作り出したものです。やがてその人との出会い、「ご縁」は状況によって実を結びます。

これらの実を結んだ成果は、計画や計算から生まれたものではありません。それらは自然に起こるのです。私の役割はただ前向きな意図を持ち、努力することだけです。

今の時代は、社外に出て、思いがけない交流を通してアイデアを生み出すこと

が重要です。

残念なことに、日本の会社では、仕事は会社の内部で行なわれるものと考えている人がまだ多くいます。しかし、社外に出ることこそが重要なのです。

これは私に弓道の練習のときに教わった言葉を思い出させます。

「心《こころ》を総体《そうたい》の中央《ちゅうおう》に置《お》き、而《しこう》して弓手三分《ゆんでさんぶん》の二《に》弦《つる》を推《お》し、妻手三分《めてさんぶん》の一弓《いちゆみ》を引《ひ》き」

という言葉です。弓手とは左手、弓を持つほうの手です。そして、妻手とは右手、弦を持つ方の手です。

普通に初心者が考えると、弦を持つ弓手（右手）のほうを引き、弓を持つ妻手（左手）を前に押し出すように考えてしまいます。

しかし、実際に弓道を教わり、弓を持つようになると、この弦を持つ右手のほうを前に押し出し、弓を持つ左手のほうを引くという教えはとてもしっくりしますし、実際にそうしないと弓をバランスよく保てないのです。

会社では、会議や社内政治など私たちを内側に引っ張る力が強く働きます。

この力に対抗するために、私たちは自分を市場や消費者の方向へ押し出すことが重要です。

また、市場や消費者の間にいるときは、逆に、その力を外に押し出すのではなく、市場や消費者のパワーを社内にどう引き込むかを考える必要があります。

この「押す」と「引く」のバランスを、うまくとれたとき、私たちは消費者とひとつになり、私たちの放った矢は見事に的を射抜くでしょう。

自分を客観的に評価する「的は鏡」という考え方

懸命に働いて、自分では「頑張ったな～」と思っても、周囲からどう見えているかは、わかりません。どうすれば、今の自分の姿を客観的に見ることができるのでしょうか。

「的は鏡」

弓道には、「的は鏡」という言葉があります。

誰も自分の弓を引く姿を見ることはできない、と弓道ではいわれています。

確かに、今は便利な時代ですから、スマートフォンなどで録画して、あとで自分が弓を引いている姿を見ることはできます。

それでも、いま弓を引いているこの瞬間を私たちは自分の目で見ることはできないのです。

私はビジネスでも同じことが言えるのではないかと考えています。あとで、いろいろな資料をもとに自分のビジネスを分析できても、いま自分がやっているビジネスをその場で、自分自身で見ることはできないのです。

また、自分では懸命に働いていても、それを客観的に、たとえば上司やお客様からどう見えているかを、自分で見て確認することはなかなか難しいものです。

それでは、どうすれば自分の今の姿を客観的に見ることができるのでしょうか。

それが、ここでいう「的は鏡」という言葉です。

私が矢を放つ。矢がとんでもないところに飛んでいって、的から外れるとします。そのとき、的は教えてくれているのです。

「あなたの弓を引く姿勢はなっていない。もう一度、初心に戻り、丁寧に引きなさい」と。

的には鏡のように、そのときの私たちの姿が映されているのです。

ですから、私たちは的を見て、自分の姿を修正しなければいけないのです。

お客様は的(ターゲット)、そして鏡

不思議な一致ですが、ビジネス用語、マーケティング用語では、お客様のことをターゲットと呼びます。

「今回のキャンペーンのターゲットは?」「この商品のターゲットは?」といった使い方をします。

私はあるときから、弓道の的(ターゲット)と、ビジネスで言うところのターゲット(お客様)の役割が同じであることに気づきました。

私の引いた弓が正しい弓であるかどうかを教えてくれるのは的です。的に中った矢を見れば、私の弓がどんな弓であったか、的が教えてくれます。

ビジネスでも、私たちの放ったキャンペーンがどんなキャンペーンであったか、お客様が教えてくれるのです。お客様の反応は、私たちがいま行なっているビジネスがどんなものであるかを教えてくれるのです。

私たちは自分がやっていることが正しいのかどうか、やっているときには見ることはできません。弓を引いているときに、そのフォームが正しいかがなかなかわからないことと同じです。

弓道の練習で、私は矢を放ったときの自分の姿がどのように見えるか、自分では見ることができないことを私は学びました。

当たり前のようですが、私たちは何かをするとき、自分のやっている姿を確認することができないのです。

上達しようと思ったら、弓を引く姿勢がどうであったか、どこが改善すべきポイントなのかを、自分の代わりに客観的に見て、教えてくれる先生が私たちには必要なのです。

そしてもうひとつ、姿勢やフォーム以上に、見ることが難しいものがあります。

それは、私たちの心です。

的は人間ではありません。そして、動きません。

しかし、矢を放つ前の段階、会《かい》と呼ばれる状態にあるとき、私たちの心は多くの邪念にとらわれます。「外したらどうしよう」とか、「うまく中ててやろう」とかいった邪念です。

そして、的は私たちに、自己の欲求や弱さ、不安などの心の状態を、結果として明確に指し示すのです。

的は鏡になって、私たちに自分の精神状態を明確なイメージで提供します。

そして、私たちは的を見て学び、自分自身を修正し、より安定したレベルに達するように努力します。

ビジネスでも同様に、私たちは毎日なんらかのアクションを起こしています。

そして私たちは後退することができず、自分たちの努力や、長所と短所を客観的に見ることができません。これは、会社全体でも、会社のスタッフ一個人でも同じです。

このとき、弓道でいう的の役割を果たすのが、ビジネスの的、ターゲットであるお客様なのです。

そして、会社は、次のように考える必要があります。

お客様は決して嘘をつかない。お客様は私たちに誠実な回答をし、お客様が何を好きなのか、嫌いなのかをすぐに伝えてくれ、私たちに私たちの本当の姿を見せてくれる鏡なのだ、と。

私たちがよい製品を届けることができないとき、お客様はどこに問題があったかを私たちに教えてくれます。もちろん、私たちが原因を調査し特定する、十分な勇気があるならの話ですが。

鏡を見て自分を変えていく

ときどき、私たちは消費者からの真実の声に耳を傾けることをやめ、競争の激化、あるいは経済環境とか他の外的要因が売上減少の原因だと考えたくなります。

ゴディバでも同じようなことがありました。

ある時点で、ショコリキサー飲料事業の売上は、私たちの予想を下回りました。発売当初は、非常に人気があり、女性たちが探し求めたショコリキサーです。私たちの最初の分析は、多くのコーヒーショップが私たちのショコリキサーに似た、贅沢なスイートドリンクを、ゴディバショップの近くのショッピングモールや駅ビルで発売し始めたからだという分析でした。

これは本当でしたが、それを言っても私たちの問題は解決しませんでした。実際にはこの分析は、私たちが本当の問題へ取り組むのを遅らせる理由を与えただけでした。

消費者は私たちに、ショコリキサーがリニューアルする必要があることを教えてくれていたのです。

毎年発売されるショコリキサーは、年々似てきていたのです。

私たちのチームにとってこれは受け入れがたいことでした。

なぜなら、そのときの商品ラインは、私たちが今まで成功してきた商品ラインと同じようなラインだったからです。

ショコリキサーを成功させた同じチームが、その商品を変える必要があることを認めなければならなかったのです。

私は弓道の練習を通じて、今までうまくできていたことを変えることがいかに難しいかを知っていました。**成功してきたことを変えることを、人間はなかなか受け入れられないのです。**

弓道では、これらの自分を変える努力を「修行」と呼んでいます。この言葉は過去の習慣を変えるためには、強い鍛錬が必要であることを示唆しています。

ビジネスでも同じです。**私たちは消費者からの真実を受け入れ、私たちのプロセスと考え方を変えるために強い努力をしなければならないのです。**

私たちのチームは調査し、まったく新しいショコリキサーを作り出しました。

そのアイデアは、ショコラティエの専門家というゴディバのユニークなポジションに立ち戻り、チョコレートの度合いが異なる商品ラインを提案するということでした。

ダークチョコレート72%。ダークチョコレート85%。このアプローチはすぐに成功を収め、私たちのショコリキサー・シリーズの売上は好転したのです。

経営者にとっての鏡

私たち経営者にとっての鏡は何でしょうか。

経営者も、毎日の仕事のなかで、自分の行動や心を見ることができません。しかし、私たちも、私たちのブラインドスポットを示すことができる誰か（ターゲット＝鏡）を必要としています。

私自身は、ここ数年、マーシャルゴールドスミス100人のコーチプロジェクトのメンバーであるフィリップ・グラール氏にエグゼクティブコーチとしてかかわっていただいています（マーシャルゴールドスミスは、2年に一度発表される存命経営思想家のランキング「Thinkers 50 World」でナンバー1エグゼクティブコーチとして認められています）。

グラール氏は、弓道の先生が私の射撃を改善する方法を教えてくれているのと同じように、私のマネジメント方法を私が自分自身で改善できるように助けてくれます。

私は外資系企業の社長をしている友人との会話を覚えています。彼は私にこんな質問しました。

「なぜ、コーチが必要なの？　君は十分に成功しているじゃないか」

私は彼の質問に驚きました
私にとって、誰かが私を「私にとってのコンフォートゾーン」から追い出して、次のステップ向かわせるのは、とても自然なことだったからです。

私はちょっと考えてから、彼にこう答えました。


「状況はいつも変わるし、会社も成長しているから、自分も適応しなくちゃいけないし、成長する必要があるんだよ。弓道や武道と同じで三段のレベルになっても、四段をパスするためには、別の修行や自己改善が必要なんだよ。リーダーとして、チームを鼓舞し、やる気にさせる必要もあるし」

やはり、弓道もビジネスもよい師が必要だと、私は思っています。

仕事の面白さを知りたいなら出世を狙おう

大きな決断を迫られ、その責任を負わされる。競争に打ち勝って手に入れた地位ゆえに、ときには嫌われ、悪人のように語られる。それでも断然、出世したほうが仕事は面白い。

出世は必要なことか

若い方から、そんな問いかけをいただいたことがあります。

曖昧な言い方かもしれませんが、出世のことはあまり考えずに働いたほうがよいけれど、そのうえで出世したほうがよいのではないでしょうか。

上のポジションにいる方は、もちろんそのポジションを目指してそうなった人もいると思いますが、いつの間にかそういう立場になっていたという人も多いのではないでしょうか。

出世を目指していた人が必ずしも出世できるわけではないと思いますが、いろいろな事情やそのときの条件があって、ある人が上のポジションになっていくというのが、現実のあり方のような気がします。

私は、会社に入ったからには出世することを目指してほしいと思います。

世の中には、出世に対して悪いイメージを持っている人が大勢います。

威張っている。地位と権力を思いのままにする。利益を独占しようとする。他人を蹴落《けお》として、のし上がっている。悪いことをしなければ、あそこまでは行けない。そんなイメージを持っている人がたくさんいます。

確かに、そういう人もいるかもしれません。しかし、そういう人がいるからといって、出世することも否定することはないと思います。

もし世の中が悪い人が出世しているようならば、むしろそうではないあなたに出世していただきたいと私は思います。あなたの上司が、そのような悪い上司ならば、あなたはそれを気にしてはいけないと思います。

本当の自分自身に忠実なままでいてください。

そして、「悪いボス」から学ぶのです。あなたが責任ある立場になったとき、何をするべきかがわかるはずです。

部下としてあなたが感じたひどいことや不満は、あなたがやってはいけないことです。ある意味、逆転した鏡のようなものです。

この話をしていたら、日本には「反面教師」という言葉ありますよと教えてくれた人がいました。そう彼ら悪い上の人間は、あなたの「反面教師」なのです。

悪い上司はあなたに反対のお手本を見せることで、あなたが上の立場になったら、やらなければいけない正しいことを教えてくれているのです。

今は、心が正しい人が、昇進や責任あるポジションを目指すにはよい時代なのではないでしょうか。

なぜなら、世の中は、企業のコンプライアンスやトランスペアレンシー（透明性）の求める傾向にあるからです。

いま企業は、世間からコンプライアンス、公平性、透明性を求められています。世間が上にいる人の不正を許さない。そういう時代なのです。

出世すれば、会社を自分の思い通りにできる。もう、そういう時代ではありません。権力を行使して、独断的にものを進めていく時代は終わっています。

むしろ、上のポジションの人たちは、社内の人の意見をくみ上げ、よりよい方向に導く調整能力が求められているのです。

出世しても、あまりよいことはなく、大変なだけかもしれません。

それでも、私が出世したほうがよいと若い人にすすめるのは、上のポジションの人が責任のある大きい判断を任せられるからです。責任のある立場のほうが仕事は面白いのです。

給料とか地位では測れない仕事の面白さ

仕事は面白いものです。その面白い仕事の大きな部分を任せられる。責任を持たされる。さらに仕事が面白くなる。そして、より難しい仕事を与えられる。難しいけど面白いことをやることで自分も成長できる。

そういうことが、出世することによってもたらされる最大のメリットなのではないでしょうか。

たとえば入社してから退職まで、「ずっと新入社員のポジションの仕事だけでしていればよいから、給料はちゃんと上げてあげるから」と言われたとしても、喜んでそのポジションにつく人は少ないのではないでしょうか。

もし、今あなたが若くて、自身の報酬がもっと上がるようにし、会社を変えていきたいというような意欲があるのなら、あなたは会社での出世を目指すべきです。

人の命令で動くのではなく、自分自身の判断で動く。自分自身の判断でビジネスを動かす。それが、仕事の醍醐味、面白さです。

そして、キャリアの進歩は個人の成長の機会なのです。出世すればするほど、与えられる仕事はより困難になります。あなたは責任を持ち、決定の責任を負わなければならないからです。そして、これは簡単なことではありません。

何かを決定するとき、それが100パーセント正しい決断であるという確信を持つことはとても難しいことです。確信が持てなくても、決断を迫られるし、決断しなければならないのです。

しかし、それは成長の機会なのです。

そのとき、私たちは自分自身と、他の人に関するさらに深い経験と知識を得ることができます。

ビジネスの世界は、弓道の世界と似ていると思います。弓道では、私たちが、高い段位に進むと、やらなければならないことはより高度で難しくなります。

ビジネスでも、出世すると、より困難な仕事に挑むことになります。そして、これは自分を発見する旅なのです。そして、私たちはこの旅のなかで、人間的な成長を感じ、満足を得ることができるのです。

「正射必中」の精神で会社の発展のために仕事をしてください。

ビジネスを推進し、お客様のことを考え、常に新しいプロジェクトがあるときには手を挙げる。このような努力は、いつかはあなたにとってアドバンテージになります。

いつか誰かがあなたに出世の話を提案してくると思います。肩書きと、そしてより高い給与の提案です。そして、これはあなたの努力の結果なのです。

地位や給与を狙ってはいけません。これらは昇進の間違った理由です。より多くの仕事、より多くの責任を目指して仕事をしてください。そして、これらの努力のすべてが、いつかあなたへの報酬になると思います。

人生の後半30年を楽しくする仕事の仕方

90歳まで生きるとしたら、定年から数えても約30年の時間があります。ＡＩの進歩で、働き方だけでなく仕事そのものが変わるなか、あなたはどんな30年間を過ごしますか。

これからの仕事の仕方を考える

ゴディバ ジャパンの社員は、毎週金曜日はカジュアルな格好で出社するようにしています。そして、オフィスでの仕事は2時頃に切り上げ、店舗を視察しに行ったり、自由に自分の好きな課題に取り組むために街にフィールドワークに出かけたり、プライベートの時間を充実させたりしています。

これがゴディバ流のハッピーフライデーです。

通信環境の進化やいろいろなデバイスの普及により、今はどこでも仕事ができ、必ずしもオフィスにいなければならない時代でもないと思います。むしろ、社員のみなさんには街へ出て、生の声や生の情報に触れてほしいと思います。好きな場所で、好きに働く。そういう時代が、やってきていると思います。

AIの進歩によって、われわれは今まで拘束されていた、しなくてもよい仕事から解放される。そういうことがこれから起きてくると思います。

AIに仕事を奪われると考えるか、AIが人間の代わりにいろいろ仕事をやってくれると考えるかで、これからの私たちの未来像は変わっていくのではないで

しょうか。

また、仕事と人生の関係も大きく変わってきていると思います。

昔は、仕事をリタイアしたあとの人生は、残りの人生という考え方があったように思います。しかし、今の平均寿命を考えると、仕事をリタイアしたあとも、かなり長い人生を生きることになります。

60歳で退職したとして、90歳まで元気で生きるとすると、30年の歳月です。赤ちゃんから30歳までの間と考えると、かなりいろいろなことができるのではないでしょうか。

リタイア後の長い年月をどう生きるか。セカンドライフをどう生きるかということも、これからの人生の課題になると思います。

「第二の人生をどうするか。これを考えなければならない」

経済学者のピーター・ドラッカーの予見的な言葉です。

われわれは真剣に「第二の人生」「セカンドライフ」をどう生きるかを考えな

ければならない時代にさしかかってきていると思います。

これはとても、ハッピーなことではないでしょうか。私たちは、一度だけの人生を、二度楽しめる時代を生きているのです。

芸術家や自営業などといった年齢に関係なく続けられる特別な仕事以外は、退職の時期、引退の時期が必ずあります。多くの人が、退職後のことをきちんと考えるべきだと思います。

退職後のことというと、子会社に入れてもらうとか、系列の会社に移って閑職で何年かを過ごすというようなイメージが日本にはあるように思います。老後の生活を心配して、リタイア前の年収にどのくらい近い状態をキープできるかというところに力点が置かれているのではないでしょうか。

しかし、定年までそれなりに活躍した人が、系列会社や子会社に移っただけで、閑職になってしまうのはとてももったいないと思います。もっと今までのキャリアを活かして、新しい場所でも活躍するべきなのではないでしょうか。

今の60代は、昔の60代とは違います。もっと元気で、もっと体力があります。

また、ＩＴのスキルが弱いようなイメージもありますが、それも大きな誤解のような気がします。今の60代は、コンピュータと積極的にかかわり始めた最初の世代です。つまり、これからセカンドライフを始めようとしている世代は、いろいろな意味で、現役として活躍できる人たちなのです。

セカンドライフで自分をどう活かすか

私の場合で話させていただくと、私はセカンドライフにおいて弓道の世界でお役に立てればと考えています。

私はゴディバでやっている仕事と、私が弓道の世界でこれからお役に立てるかもしれない仕事の内容がそれほど違ってはいないと考えています。

ゴディバでいえば、チョコレート市場でチョコレートの競合他社がいます。そして、市場を拡大すれば、他のお菓子メーカーが競合となります。

弓道の世界でいえば、柔道、剣道、合気道、空手などの武道が競合です。さらに、市場を拡張すれば、いろいろなスポーツが競合となります。

たくさんの競合のなかで、自分たちをいかに魅力的に見せるか。

多くの若者を、弓道の世界に惹きつけることができるか。

そのために、戦術と戦略を考える。それは、ゴディバで働いていることと変わりがないような気がします。

これからの日本は、労働人口が減っていきます。その労働力不足を補てんするのは、豊富な知識と経験を持ったセカンドライフ世代なのではないでしょうか。「もう仕事はいい。あとはのんびりしたい」などと言わずに、あなたの経験と知識を新しいフィールドに活かしていきませんか。

今の日本は、そういう人たちの活躍をきっと待っていると思います。

どうやってセカンドライフに備えるのか

よい方法は、生活のなかでできるだけ早く自分の趣味や情熱を傾けられるものを見つけて、年々追求することです。

スポーツをする、写真を撮る、絵を描く、料理をするなど、何でもいいと思います。ただ、社会から認められようとか、報酬を期待するとか、そういうことは気にせず。好きなことを好きなだけすることです。

重要なことは、その趣味を継続して、放棄しないことだと思います。10年、20年、30年と、その趣味を続けているうちに、あなたは経験、知識を身につけ、その分野でいろいろな関係を築くことになります。

そしてある日、この継続的な活動は実を結び、あなたのセカンドライフに幸せな活動をもたらすことになるでしょう。**これはキャリアのように計画することはできませんが、忍耐強く継続していれば、自然にやってくるものです。**

私の場合、最初、弓道はまったく個人的な営みでした。東洋の自己啓発の方法に興味を持ち、武道もやったことがないし、弓道を実際に見たこともないのに、弓道を始めようと考えたのです。

それは、弓道の「的」「ターゲット」という言葉が、私の内面で強く鳴り響いたからです。私にとって、「的」は私たちが満足させようとしたり、克服しようとしたりする「欲望」の象徴だったのです。

私の心の旅の始まりでした。弓道は、私にとって、現代社会の達成とか責任を忘れることのできる、自由なオアシスだったのです。それは、社会の要求や束縛からも無縁の世界でした。

私は毎週弓道の練習をするようになっていました。そして、私の「的」を狙う弓道の修行は、この本をここまで読まれてきたみなさんがお気づきのように、私のビジネスの世界での仕事の仕方や考え方にゆっくりと着実に影響を与えてきたのです。

ある日、予想外の電話が私にありました。それは全日本弓道連盟からの電話で、国際弓道連盟の理事候補に私がノミネートされているというものでした。

私は、弓道を国際化するためのお手伝いをする役割のために指名されたのでした。また全日本弓道連盟は、私に弓道を一般の人にもアピールして知ってもらうという仕事のアシストもするようにとも言われました。

個人的な興味で始めた弓道は、弓道を通じて、私に社会的な役割を与えてくれたのです。

私は、弓道が今まで私に与えてくれたものの恩返しのためにも、この役割を果たしていきたいと考えています。

PART 2

仕事に役立つ12の考え方

ブランドの価値は
お客様が決める

高級ブランドが、銀座や青山でなく普通の街でショップを出したら、そのブランド価値は下がるのか。実は、多くの日本人がブランドの本質について勘違いをしています。

「ブランド」とは何か

「高級品」「銀座やデパートにあるもの」。もっと具体的には、「エルメス」「グッチ」「ヴィトン」「アルマーニ」「シャネル」、そして「ゴディバ」（笑）などでしょうか。

私がゴディバ ジャパンの社長に就任したとき、ゴディバは高級ブランドとして名前は知られているが、親しみやすさに欠けているという状況でした。

要するに、名前は知っているが、あまり自分から買いに行くことはない。もらったことはあるが、自分で買ったことはないという人が多かったのです。

実は、こういう状況はブランドにとってよい状況ではありません。買ってくださるお客様がいらっしゃるから、ブランドは成り立つのです。

私は、このような状況を打開する対策として、**「アスピレーショナル（憧れ）&アクセシブル（行きやすい）」**というアイデアを掲《かか》げました。

お客様にとって憧れの場所であるけれど、気軽に行ける場所でもある。ゴディバの店舗をそんなふうにしていきたいと考えたのです。

そのためには、まずお客様が来やすい場所にお店の数を増やし、もっとお客様に来ていただけるようにする。これが私の戦略でした。

ところが、一部の社員からこんな反対意見がありました。ゴディバのお店は、他の高級ブランドが並んでいるような場所にあるべきで、どこにでもあったら、「高級感」が薄れ、「ブランド価値」が下がるというのです。

行きやすい場所にあるとブランド価値が薄れる？

本当にそうでしょうか。

ここに、多くの人の「ブランド」に対する誤解があるように思います。

ブランドの語源は、家畜の「焼き印」です。つまり、よその家畜か自分の家畜かを区別するために使われ、その延長線上で商標、銘柄、他社との差別化というふうに使われてきた歴史があります。

そして高級ブランドが高級ブランドになってきたのは、それぞれのブランドの努力、ブランド価値を日々高めてきた歴史があるからです。

ブランドは、銀座やデパートの地価が高い場所にあるから高級なのではありません。それぞれブランドの価値観を守って、お客様の信頼を得てきたから有名ブランドとなり、高級ブランドとなるのです。

どこに店舗があるかは、結果であって、スタートではないのです。

高級ブランドといっても、ゴディバはチョコレート

「ゴディバ」と聞くと、「高価なチョコレートですね」とおっしゃる方がいます。「待ってください。ゴディバのチョコレートは数千円ですよ。あなたならいくらでも買えるでしょう」と、私はよく言うのですが、するとみなさんは笑います。

でも、これは本当のことです。ゴディバは、「食べたいけど、絶対買えない」という値段ではないのです。むしろ、少し余分に払うだけで、贅沢な気分になれるお買い得なチョコレートなのです。

今はインターネットでほしいものがすぐに手に入れられる時代です。そんな時代に電車に乗って銀座に行き、わざわざ数千円のチョコレートを買うという人は

どれぐらいいるのでしょうか。銀座に行ったついでに、チョコレートを買う人はいても、チョコレートだけを目的に銀座へ買いに行く人は少ないと思います。食べたいときに、すぐ買える場所にある。今の世の中ではそのほうがずっと価値があるように思います。

お客様の変化に合わせて、サービスの提供の仕方を変えていくことも、ブランドにとっては大切なことです。

ちょっと気分転換したいときに、ゴディバのチョコレートやクッキーを食べる。チョコレートアイスクリームを食べる。そんな、すぐ身近にある贅沢。それがゴディバです。

ゴディバの価値はそういうことだと思うのですが、これは、ゴディバのブランドが変化したということでしょうか。

私はそうは思いません。このゴディバのサービス提供の変化は、ブランドの価値を守り、ブランドのポリシーを継続させるために必要なことなのです。

ブランドの価値を守りながら、時代の変化に対応していくことが、これからのブランドにとっては大切だと思います。

ゴディバのブランド価値とは何か

ブランドの価値とは、そのブランドが目指しているもの、大切にしているものです。私は、このブランドの価値を、**ブランドのDNA**とも呼んでいます。

社会状況が変化すれば、ブランドを取り囲む状況も変化します。

仮の話ですが、遠い将来、誰も実店舗で商品を買わないような社会状況になれば、都会の一等地に実店舗があることの意味は失われます。**このように、時代状況の変化とともに、変わってしまうものはブランドの価値とはなり得ません。**

私がブランドの価値、DNAと呼んでいるものは、永遠に変わらずに企業が持ち続けなければならない、失ってはならない核心です。

ゴディバのDNAは時代を超越したもの。これは、1962年の創業以来生き続けてきたゴディバの心と魂であり、何世代にも渡って継続していくものです。

ゴディバのDNAとは、ゴディバの商品が「お客様にとって忘れられない幸福な瞬間を与える」ということ。そしてゴディバのブランド「個性」とは、高品質なチョコレート、シェフによるユニークなレシピ、そして美しい包装を通して行なわれることです。

これはどんなに時代が変化しても変わらずに持続できるブランドのDNAです。DNAを大切にしていれば、先ほどの「高級ブランド店がある場所に、ゴディバの店舗はあるべきか？」という問題も簡単に解決できます。

チョコレートを通じて、「お客様に幸せな瞬間を届ける」ことができれば、ゴディバの店舗が高級ブランド店の横にある必要はありません。むしろ、今はどのような販売形態をとれば、お客様に喜んでいただけるかを考えればよいのです。

ブランドビジネスの真のアプローチは、DNAを保護しながら時代の変化に対応することです。

ゴディバが進めている販路の多チャネル化も、「お客様に幸せな瞬間を届ける」ためにどうすればよいのかを考えた結果です。

ゴディバとローソンのウチカフェとのコラボも同じような考えからです。

お客様は食事のあとでも、通常のお店が閉まっているときでも、いつでも自分の好きなときにゴディバのデザートを食べることができるようになったのです。

自宅やオフィスの近くで、簡単にゴディバの販売チャネルにアクセスできることで、お客様は「ゴディバのある幸せな瞬間」を家族や友人と簡単に共有できるようになりました。このやり方は、お客様にふたつのベネフィットをもたらしたと私は考えています。

ひとつは、お客様が高品質な製品を簡単に手にすることができるようになったこと。そしてもうひとつは、お客様がどんなライフスタイルであろうと高品質な製品を手に入れられるアクセシビリティを得たことだと思います。

ブランドのDNAは人の個性と同じではないでしょうか。人は、ジーンズを着たり、スーツを着たり、ネクタイをしたりすることで服を着替えることができますが、人そのものは同じ人です。これは、強力なブランドでも同じです。流通するチャネルが複数あっても、その性格は変わりません。

私たちは現在、オンラインからオフラインまで、オムニチャネルの世界にいます。ブランドが消費者と対話するための接点は数多くあります。

ブランドビジネスの真のアプローチは、DNAを保護しながら時代の変化に対応すること。お客様を見据えて、ブランドの価値を守り続けることだと思います。

企業の「姿勢」がブランドとなる

ブランドが価値を持つようになるには、どうしたらいいのか。特別なテクニックはいりません。従来の日本人が持っていた思想を思い出し、実行すればいいだけです。

ブランドをどうやって作るか

私は、**ブランドとはその企業の姿勢**だと考えています。

企業姿勢こそが、ビジネスやブランドにとっていちばん重要なのです。正しい姿勢が企業の信頼を生み、ブランドのイメージを形作っていくのです。

先ほどもお話ししたように、弓道の審査では、審査員は的を見ていません。的に中ったかどうかという結果よりも、弓を引く人の姿勢を見ています。的に中った結果よりも、弓を引く姿勢を見て、射手を評価するのです。

なぜ、的を見ないか。それは悪い姿勢でも的に中ることがあるからです。

別の言い方をすれば、的に中てるだけならば、数をこなせば誰にでもできるようになります。

しかし、弓道で大切なのは、正しい姿勢で正しく的を射ること。これはとても難しいことですが、だからこそ価値があるのです。

ビジネスの世界で考えると、正しい姿勢で正しく的を射続けたとき、ブランド価値が生まれるのだと思います。

ビジネスの世界では、お客様が審査員です。

お客様は的に中てることだけでは評価してくれないのです。

一時は、ヒット商品に飛びつくかもしれません。しかし、そのヒット商品だけではすぐに飽きられてしまい、企業はブランド価値を作ることができません。

では、お客様はどこを見ているのか。やはり、お客様は弓道の審査員と同じで、その企業が正しい姿勢で弓を引いているか、すなわち正しい姿勢でビジネスを行なっているのかを最終的には見ているのだと思います。

「ヴィトンの鞄《かばん》や財布は丈夫だ」

「ラルフローレンの服は仕立てがしっかりしている」

こういった長年培《つちか》われた品質に対する信頼感こそ、ブランド価値を形作っていくものです。つまり質の悪い商品がまぐれ当たりで売れたとしても、それではブランドを築くことはできないのです。

ブランドとは何か。

ブランドとは、消費者との信頼関係です。

信頼は何か目に見えるものでもないし、形でもありません。信頼は心から生まれます。会社は製品やサービスを作り、それらを通して時間の経過とともに顧客との信頼関係が生まれ、ブランドが生まれます。

しかし、この関係は永遠に継続するものではありません。私たちはそれを大切に育まなければなりません。

ブランドを構築し維持するための重要な要素は、量（形態）よりも品質（心）を優先することです。品質は心から始まり、目に見えるいくつかの物理的な属性（形、機能、スタイル、価格）でそれを最終的に表現します。

それは弓道で、心が射の形を、体と弓によって表現させるのと似ていると思います。

日本語の「姿勢」という言葉の真髄

私は弓道を学ぶなかで、日本人が使う「姿勢」という言葉にはふたつの意味があることに気づきました。

ひとつは、英語の「form」です。姿、形という意味で、姿が美しい、形が美しいという意味で使われます。もうひとつは、英語の「attitude」。態度、心構えの意味です。

弓道の「姿勢」にも、「姿形」と「立派な心構え」というふたつの意味を兼ね備えています。形が美しいということは、立派な心構えを実現していることになります。

反対の言い方をすれば、弓道でいう「真善美《しんぜんび》」を心構えとして持ち、その実現を目指しているとき、射形は美しい形に自然となっていくのではないでしょうか。

このような考え方は、ビジネスにも応用できるように思えます。

私たちがブランド価値を創造していこうとするとき、この考え方には、とても重要なヒントが隠されているのです。

弓道で射手がただ的に中てることだけを目指すとき、射形は崩れます。的に気をとられ、手先で的を狙いにいくからです。

ビジネスも同じです。

ただヒットを目指し、利益を得ることだけを考えるとき、企業姿勢は崩れ、ブランドが本来持つべき、お客様への質の高い製品の提供、質の高いサービスは損

なわれ始めます。

正しい姿勢が失われたとき、お客様はそのことに気づき、やがて去っていくでしょう。失われた信頼を回復することはとても難しく、企業は将来にわたって利益を失い続けるでしょう。

論語の一節から読みとれること

経済を発展させることと、正しさを求めることは共存できる。

銀行家、起業家であり、日本資本主義の父とも呼ばれる渋沢栄一は、経済活動や会社の経営には正しさを求めることが必要だと、いち早く気づいていた人物です。

渋沢栄一は、第一国立銀行、東京瓦斯《がす》、東京海上火災保険、王子製紙、田園都市（現東京急行電鉄）、秩父《ちちぶ》セメント、帝国ホテル、秩父鉄道、京阪電気鉄道、東京証券取引所、キリンビール、サッポロビール、東洋紡績、大日本製糖、明治製糖など、５００以上の会社を設立しました。

最近では、新紙幣に描かれることに決まり、話題になりました。

その渋沢栄一は、事業活動に精力的に取り組みながら、経済活動には正しいモラルが必要なこと、経済活動と道徳が共存できることを、論語の言葉を引用して説き続けていました。

彼が著した『論語と算盤《そろばん》』は、いま読んでも大変勉強になる本だと思います。渋沢栄一が言っていることは、企業活動の最終目標は利益ではなく、モラル、道徳の実現だということです。

経済活動は、道徳と両立する。すなわち、論語と算盤は両立する。それが彼の考え方でした。決して利益だけを追求する経済人ではなかった彼はさらに面白いことを言っています。「お金は仕事のカスだ」と。

では、会社が正しい姿勢で経営活動を続けるとはどういうことでしょうか。道徳的な経済活動とはどんなことでしょうか。

それは常にお客様のことを考え、品質とサービスでお客様に満足をさせ続けるということです。そして、経営者の役目は、常に自社の製品やサービスがお客様を満足させているかを問い続けることです。

自社の製品は高い品質を保っているだろうか。
自社の製品はふさわしい場所で売られているだろうか。
適正な価格になっているだろうか。
きちんとしたサービスを提供できているだろうか。
経営陣と従業員の正しい行動とは何であるのか。
会社の価値とは何であるのか。

日常の業務のなかで、これらの価値観をどのように表現していくのか。年次報告書のなかや、経営陣からのスピーチではなく、これらの価値観は追求されるべきです。

私はこれらの価値観は、経営陣と従業員の日々の活動のなかで、絶えず答えを求めて追求されるべきだとさえ思います。

会社のトップ、経営陣にとって、目先の業績、数字はとても気になるものです。だからといって、**経営者が目先の結果にとらわれ、お客様への意識を忘れてしまうと、その場しのぎで利益をあげることができても、将来的には大きな損失を生みかねません。**

数字に直面する人ほど、常に自分自身に問い続ける必要があります。

「政は正なり。子《し》、帥《ひきい》るに正を以《もっ》てせば、孰《たれ》か敢《あ》えて正しからざらん」

これは論語の一節で、「政治の政は正しいことに通じます。あなたが真っ先に立って正しいことを行なえば、みなも正しいことを行なうでしょう」という意味だそうです。

経営者が、消費者のために「正しさ」を求め、事業を行なうとき、社員も迷わずそれに従います。仕事は、経営者にとっても、従業員にとっても、より喜びに満ちたものとなり、より高い、意義深いものになる。

私はそう信じています。ですから、私は正しい姿勢であり続けることに、これからもこだわり続けたいと考えています。

過去の成功や未来の予測は一度忘れよう

デジタル技術の進化にともない、生活環境の変化が激しい時代。企業環境もめまぐるしく変わるなかで、何を基準に、何を参考にビジネスをしていけばいいのでしょうか。

すべてのことが想像を超えたスピードで加速している

歴史上のどんな時代と比べても、これほどのスピードですべての出来事が進行し、技術革新が進んでいる時代はいまだかつてありません。

そして、このデジタル時代の技術進化は加速することはあっても、ブレーキがかかることはないように見えます。私たちは加速する技術革新、イノベーションが生活や企業に与える影響を、日々感じながら生きています。企業も私たち個人も、この変化のスピードに合わせて生きることを強いられています。

ワープロ専用機は、ＰＣの普及ですっかり過去のものとなりました。そのＰＣでさえも、今やスマートフォンやタブレットにその座を奪われようとしているように思えます。

また、インターネットの普及は、新聞、雑誌、テレビ、ラジオといったマスコミを、どんどん古くさい媒体に変えていきます。

家庭にあった固定電話も、モバイルフォンに取って代わられ、あれほど家庭に普及していたＦＡＸも、Ｅメールに取って代わられつつあります。

私はCDで音楽を聴くのが好きなのですが、若い世代の多くはストリーミングで音楽を聴くようになっています。

ここ数年は、フェイスブック、ツイッター、インスタグラム、ユーチューブ、LINEが、新しい媒体、コミュニケーションツールとして覇権を競っていますが、いずれ新しい技術に取って代わられる、はかない覇権のようにも思えます。

市場は日々変化し、ひとつの企業や業種が継続して王者であることは困難な時代になっています。めまぐるしい時代に、私たちは何を基準にビジネス判断をすればよいのでしょうか。このめざましい時の進行のなかで、多くのマネジメント法が、過去の手法となり、古くさいものとなっています。

このような状況で、私たちはどのようなマネジメント方法を採ればよいのでしょうか。

従来のマネジメント・マーケティング手法が通じない時代

今や、多くのマーケティング戦略が効かない時代になりつつあります。

かつて、多くの企業が3年、5年のスパンで事業計画を立てていました。じっくり市場を調査して、確実な方法を狙い、市場を取りにいくやり方です。

しかし、この変化と進化の著しい時代に、未来に起こる数多くのリスクを回避しながら、長期で事業計画を立てる方法は、反対に大きなリスクを伴う方法となっています。それは調査をして、準備をしている間に、市場も技術も大きく変化していくからです。

ベータビデオとVHSビデオが市場でしのぎを削っていた時代は、遠い過去の牧歌的時代となっています。

商品を作るために新しい工場を建設し、同じ規格商品を作る会社同士で連合し、広告を出し、自社製品の有利性を訴求し、消費者を獲得していく。このようにコストと時間をかけて新しい商品を売り出す会社は、今や皆無となっています。

今ある生産ラインで、新しいものを作る。既存のプラットホームに新しいものを載せていく、世の中はそんな時代になっています。生産が増えてもそのための費用がかからない「限界費用ゼロの社会」が近づいているのです。

また、調査をしているうちに市場はめまぐるしく変化していきます。1年前に分析した市場は、1年後には大きく変化しています。また、予測した未来も、予想を裏切って大きく変化していきます。

1年の事業計画を立てることさえ難しい、そんな時代になっているのです。

新時代に対応するアプローチ

すべてがめまぐるしく動くこのデジタル時代を乗り切るためには、まったく別の方向からのアプローチが必要なのではないかと私は考えています。

私は弓道場に行くたびに、弓道の世界は特別だと感じています。私が日々暮らしているビジネスの世界とは反対に、弓道場では、1000年の伝統のなかで培われた静謐《せいひつ》な世界が私たちを待っています。

世間のめまぐるしい動きから忘れられたような静かな世界です。加速する世の中の動きも、ここには侵入できません。

道場で、弓の引き手、射手は、伝統的な射法である射法八節に従って、弓を引きます。変わることのない伝統的な射法に従って、弓を引くのです。1000年以上受け継がれてきた、不変の世界です。

しかし、もしあなたが弓道の練習をするか、その演武を見学するとき、射手の集中力、動きのリズム、その射撃の間の沈黙が、「瞬間」の価値を生み出しているのを見ることができるでしょう。

まるで、「瞬間」が時代を超え、普遍的なもののようになったかのようです。射手が会《かい》の段階に入って最大限に弓を引いたとき、そこには過去も、未来もなく、ただ、「今＝瞬間」があるだけなのです。

このデジタルの時代に、弓道は私たちに何を教えているのでしょうか。

デジタル時代は、物事をあまりにも早く変化させることで私たちにプレッシャーを与えています。そして、私たちは情報とさまざまな出来事の嵐のなかで溺れそうになっています。

私には、弓道の世界が、私たち企業の世界でも、「瞬間」の重要さを再発見することを教えてくれているように思えます。それは、私たちの日々の行動だけではなく、企業の戦略的計画およびマーケティングにも影響を及ぼす可能性のある考え方だと私は考えています。

かつて実行されていた企業の3年計画や5年計画は、もはやしっかりとした道筋でも、決まり事でもなく、企業の方向性や願望を表すものでしかありません。過去の分析は、もはや未来のガイドにはなりません。

会社で「今この瞬間」に重点を置く考え方に変更し、それを実行すると、過去の分析と報告に割り当てるリソースは少なくなり、将来に向けたクリエイティブに多くのリソースが割り当てられるようになります。

そして経営陣は、弓道射手が射撃中にしているように、「今この瞬間」に彼らの洞察力と決定を集中させるべきです。過去の成功も失敗も忘れ、未来の予測に煩わされることなく、今だけに集中するのです。

今に集中せずに、遠い昔に成功した射のことを考えていても、今の一射を的に中てることはできません。

また、次の矢のことを考えていても、今の一射を的に中てることはできません。今に集中しない限り、今この瞬間に、的に中てることはできないのです。

弓道は、このデジタル時代に、深い意味でこの「瞬間」がとても大切なものであることを教えてくれているような気がします。

すべての人材は褒められて伸びるタイプ

日本企業の上司・部下の関係性、人材育成法はいまだステレオタイプです。慢性的な労働力不足で労働者が会社を選ぶ時代。そんな時代にふさわしい人材の育て方とは？

日本人の多くは教えることが下手

ときどき、そんなことを思います。私の弓道の先生（故・浦上博子範士十段）はとても優しい方で、私が弓を引くのを見て、大切なポイントを指摘してくださいました。そして、その指摘はとても腑《ふ》に落ちるものでした。

私はその先生と出会えたおかげで弓道を続けていくことができたのです。しかし、そういう教え方ではない先生もいらっしゃいました。

「シュシャン、そこが駄目」

「これも駄目」

「ここが違う」

「それはよくない」

確かに、弱点に取り組み、克服することは重要です。ただ、私たちが最善を尽くしても、先生がそれを見て「ダメ！」と言えば、私たちは完全に熱意と自信を失い、さらに状態を悪くするだけなのです。

誰もが自分を改善したいと願っているし、頑張るための励ましを必要としています。私たちは小さな赤ちゃんの頃から自分の進歩を認められることで成長してきたのです。

人は否定的なことばかり言われると楽しくなくなります。

その人の可能性を最大限に引き出すための秘訣は、自信をつけさせることです。教師や上司が悪い点を指摘しているだけでは、人は自信を失うだけで、何もいいことは起こりません。

私の弓道の修行は、谷あり山ありでした。技術的なポイントや悪い癖で、何度も自信を失い、自分の弱点に焦点を合わせすぎ、さらに悪い状態に落ち込んだりしていました。

弓道でも、スポーツでも、ビジネスでも、生徒の強みや才能を活かして、忍耐力をもって見守り、「育てる」ことに集中するのがいちばんよい指導方法ではないでしょうか。

生徒が真剣で最善を尽くすかぎり、状況が好転すれば、すばらしい花が咲きます。花の種を植えるとき、人にできることは水をやり、芽が出るのを待つことぐらいです。

すべての可能性がその種のなかに含まれています。私たちにできることは、部下や生徒が成長させるためのよい環境を作ることだけなのです。

労働力不足時代の人の育て方

日本人はあの人は「褒められて伸びるタイプ」という言い方をよくしますが、「褒められて伸びる人」の反対はなんなのでしょうか。

「厳しくされて伸びるタイプ」でしょうか。それとも、「けなされて伸びるタイプ」でしょうか。私にはどちらのタイプもそんなに多くいるとは思えません。

いや、昔（昭和の頃）の日本人は、みんなそうやって成長してきた、という話もよく聞きます。しかし、その方たちは厳しくされても、けなされても、ただ我慢していただけではないでしょうか。

「厳しくされて伸びるタイプ」「けなされて伸びるタイプ」が実際に多かったからではなく、人口が多く、競争相手が多かったので厳しくされたときに我慢できない人は、忍耐力がないという理由で選別されてしまっていたのではないでしょうか。

いま日本は、慢性的な労働力不足の時代になりつつあります。これは雇用される側の立ち場でいえば、労働者が会社を選べる時代が来たともいえます。

もちろん、会社の要求する能力とスキルを持っていなければ会社に選ばれることはないでしょうが、選ばれた会社で「厳しく扱われたり」「厳しく教育される」必要がなくなったということです。

選ぶのは会社だけでなく、働く人も会社を選ぶことができる。そういう時代になっているのだと思います。

私は会社組織のなかで厳しくする「育て方」が、有効だとは思いません。「厳しい育て方」が有効に見えていたのは、「厳しい育て方」という環境のなかで我慢して自分で学んで成長できた優秀な人がいたということなのかもしれませんが、だからといって「厳しい育て方」が方法論として正しいということにはならないと思います。

これからは、そう考えたほうがよいのではないかと思います。

スポーツの世界も、ビジネスの世界も、結果が重要です。スポーツの世界でいえば、指導者はよい選手を育て、よい成績を残すことです。ビジネスの世界でいえば、よい経営者は、よい社員を育て、業績を上げることです。

「褒めて育てる」か、「厳しくして育てる」かのどちらが正しいかは、結果で競えばよいのかもしれません。

ただ、このところの日本の人口減少を背景とした労働環境の変化、若い人たちの考え方を考慮すると、厳しい育て方ということが、難しくなってきているのではないでしょうか。

コーチングの質が問われる時代

テニスのテレビ中継をご覧になっている人はお気づきだと思いますが、コーチの役割が昔よりさらに重要になっています。

そして選手とコーチでチームという呼ばれ方をしています。この関係には、どちらかが上というのではなく、お互いに知恵を出しながら上を目指していくという考え方があるように思います。

いい選手を育てたコーチの発言を聞くと、そんな思いを強く持ちます。

対等な関係、信頼関係を築き、ともに上を目指す。

私は、ビジネスの世界もこのようなスポーツの世界と同様な、自由な関係があってよいのではないかと考えています。

コーチはガイドです。コーチはあなたに道を指し示し、案内するだけなのです。そして、コーチはあなたの成績を判断する裁判官になってはいけないとも思います。

私たちは学校に入って以来、よい点数、悪い点数をつけられ、自分に成績をつけられることに慣れてしまっています。

しかし、社会に出て働くということは、自分の成長と充実を自分自身で模索する時間を生きていることだと思います。成績をつけられるために、私たちは働いているわけではないのです。

これからは、教える側がいて、教わる側がいるという考え方よりも、互いに意見を述べて教え合うという考え方が必要な気がします。

時間をかけて熟練していくという職域もありますが、むしろこれからは新しいアイデアを出していくことが重要になってきていると思います。
それは長年会社にいた人の意見が正しいということではないのです。

誰の意見でも正しい可能性がある。

そして、正しければ採用する。

そんな時代が来ているのです。では、そんな時代に何が重要かといえば、褒めてみんなが自由に意見を言える環境を作ることが大切だと思います。

社員のパフォーマンスをいちばんよくするために上の者がしなければならないことは、自由に社員がものを言える環境を作ることです。そのためには、褒めることが重要だと思います。

いつも褒められず、否定ばかりされていたら、誰でも自由に意見を言えなくなります。自由にものを言えない環境に、新しい創造は生まれません。

日本にはビジネスの世界でも、スポーツの世界でも、新しいコーチングの考え方が必要なのではないかと思います。

数字にとらわれない

売上目標やノルマを達成することが、本当に大切でしょうか。
売上・利益は毎年増え続けなければいけないのでしょうか。
数字にこだわるのは、実は危険です。

数字の誘惑、的の誘惑

経営者や会社員にとっての、数字と彼らの関係は、弓道の射手と的の関係を私に思い起こさせます。

すべての射手は的を狙います。しかし、射手の心が「的に中ててやろう」という誘惑にとらわれると、射手の体は緊張し、その矢は的に命中しないのです。

これは、弓道の射手が日々の練習で直面している緊張とパラドックス（矛盾）です。

ヒットさせたい。的を射たい。射手の心が強くこの欲求に支配されると、その射手の矢は的を射ることができないのです。

このジレンマを解決するためには、私たちはどうすればよいのでしょうか。

弓道では、常に練習し続けることによって、適切なフォームを身につけ、自分のフォームと的に中てることとの間に調和を見つけます。

弓道では「中《あ》てるのではなく、中《あた》る」という言葉でこのような状態を要約しています。

ビジネスにおいても、誰もがよい数字、結果を出したいと望んでいます。しかし、経営者とスタッフの心は消費者のために正しいことをすることに集中すべきです。私たちは消費者への奉仕の精神で仕事をするために最善を尽くすべきなのです。

弓道では、心が「無心」の状態にあるとき、ヒットや勝ちを忘れてしまったときの理想的な射を「無我の射」と呼んでいます。

ビジネスでも同様に、常に奉仕の精神でいれば、「無我のマネジメント」と呼ぶような状態になれるのではないでしょうか。

これはもちろん理想的な状態です。しかし面白いことに、この理想に近づくために最善を尽くしていると、自分自身とチームが改善されるのです。

読者のみなさんならこのサービス精神、「無我のマネジメント」を理解してくれると思います。

「無我のマネジメント」は、「私たちは勝ち取らなければならない」「私たちはいちばんになりたい」「ビジネスは戦争だ」という企業の世界での共通語とは、反対です。

私たち全員がターゲットを必要としています。的がなければ弓道も楽しくありません。数字という目標がなければ、ビジネスも成り立ちません。

重要な点は、目に見えやすい目的達成の数字のようなもののために、戦略やマネジメントがねじれてはいけないということです。目標、数は、それ自体が目的ではなく、顧客へのサービス提供に沿った道標と見なされるべきです。

日本人は、この「無我のマネジメント」「心」についていて生まれついての理解を持っていると思います。そして、このアプローチを自社や世界にもたらすことができるのも、日本人だと私は思います。

目標として数字を掲げない

これが私の経営方針です。

このところ、ゴディバ ジャパンを紹介されるときに表記される数字が「5年間で売上2倍、7年間で売上3倍」です。

私はこの数字にとらわれないように注意しています。

もちろん数字が上がるのは経営者として素直にうれしいです。ただ、数字にとらわれて、本来あるべき姿を忘れてはいけないとも思っています。ゴディバの目指すところは数字ではなく、もっと別なところにあるからです。

チョコレートを通じてお客様に喜びの瞬間を体験していただく。

それが、ゴディバのお客様に対する使命です。

数字に表れる売上は、その結果でしかありません。結果が先ではなく、あくまでもお客様に喜んでいただくという努力が先なのです。

この5年間で売上を2倍にしましょう。7年間で売上を3倍にしましょう。そういう目標を掲げたことは一度もありません。

会社が数字にとらわれて本来の目標を忘れると、何が起こるか。

社員は数字のプレッシャーに負け、仕事が持つ本来の楽しみを忘れてしまい、経営者も社員もみんなが数字の奴隷になってしまうのです。

本来、仕事は楽しんで行なうものです。

「お客様のためになることをしている」
「自分はよい商品を販売している」
そういうプライドが、よい仕事を生み、会社の業績を上げていくのです。社員を売上目標という数字で縛って、数字の奴隷にしてはいけないのです。

私の知っているある会社がこういうことをしました。販売員それぞれのセールスに応じて、昇給、報奨金等のインセンティブを与えるという方法です。

結果はどうなったでしょうか。

お店の店員たちは、自分が売ることには夢中になりましたが、店舗の清掃、在庫管理などがおろそかになったのです。誰もが自分の売上に結びつく業務だけをやり、バックヤードの仕事をやりたがらなくなりました。

もちろん、そのようなチームワークに欠けた店員たちがいる店舗がお客様にいい印象を与えるわけがありません。結果的に店舗全体の売上は著しく下がりました。

私はこういう状況にならないよう気をつけてきました。

お客様への応対、店舗の清掃、在庫管理などを大切にし、そういうことでお客様の評価を上げることを、店員のみなさんの目標にするように会社全体で目指してきました。

おかげさまで、ゴディバの店舗は「そこで過ごす時間が特別だと思えるお店」という高い評価をお客様からいただくようになり、その結果として売上も伸びました。

数字を目標にせず、お客様に対する素晴らしいサービス、いい品質の商品の提供といった、高い理想を掲げ続けることが、とても大切だと私は信じています。

売上はお客様がくださるご褒美

私はそう考えるようにしています。だから、そのご褒美にあまり執着したりして、その数字を誇るのはどうかとも思ったりしています。

ただ、売上の数字が上がることで、私の言っていることに耳を傾けてくれる人がいるのは、うれしいことです。売上が上がるということにはそういう効用があるのではないかとも思います。

数字の話で、もうひとつ大事なことがあります。

数字には限度がある、ということです。

常識的に考えればわかることですが、チョコレートの販売には限度があります。チョコレートに限らず、どんな分野の商品、サービスも無限に売上が伸び続けることはありません。

売上や利益が増え続けることはうれしいことですから、人は数字ばかり見がちです。しかし、いずれ頭打ちの状態がくるものです。

終わりがあるものを目標にするよりは、先述の渋沢栄一の言葉ではありませんが、売上や利益といったものは、「お金は仕事のカス」ぐらいに思うのがちょうどいいかもしれません。私はなかなか「お金はカス」とまでは思えませんが。

本当に大切なのは、その会社が何を提供したか、何を目指しているのかということではないでしょうか。

私は会社が世の中に提供できるものは、3つあると考えています。

ひとつめは、いいサービスといい商品の提供。そして、ふたつめは、その会社では働く人の生活の安定とやりがい、プライドといったものです。そして、最後がその会社に資金を提供してくれている株主に対する利益の還元です。

この3つにはどれがいちばんかという順番はありません。どれもが大切なもので、どれもおろそかにはできないと思います。

最近、日本にはとても素敵な言葉があることを知りました。

「売り手によし、買い手によし、世間によし」

という言葉です。

近江の国（現在の滋賀県のあたり）に住んでいた、近江商人と呼ばれた人たちの言葉だそうです。そして、こういう考え方を、「三方《さんぽう》よし」と言うそうです。

私も、ビジネスは「三方によく」なければいけないと思います。私流に言い換えると、「社員によし、お客様によし、株主によし」でしょうか。

完璧主義には落とし穴がある

ビジネスの組織や現場は、完璧であることを前提にしていて、失敗を許さない雰囲気があるように思います。スポーツであれば、どんな名選手だろうとミスをするものですが……。

完璧を目指すが、完璧がないことを知る

弓道には、理想的なショット、理想の射というものがあります。それは、私たちが理想を目指してベストを尽くす目標となるという意味で、私たちによい影響を与えます。

しかし同時に、私たちは完璧な射がないことを知っています。このパラドックスが、弓道を面白くしていると思います。可能な限りベストを尽くして矢を放ったときでさえ、私たちはそれよりさらによい矢を放つ可能性があることを知っているのです。

これは旅なのだと思います。よりよい理想の状態を目指して繰り返し努力をする、自分を向上させるための旅なのです。

「完璧になるまで待っていてはいけません」

弓道の先生が私に言いました。

「あなたは定期的に試験会場に行きなさい。自分が完璧だと感じるまで待ってはいけませんよ」

そして、先生はこうも付け足しました。

「あなたは、もう準備ができています。『完璧』な瞬間を待っていると、あなたはいつまでも自分は十分ではないと感じて、昇段試験に行くのを延期しますよ」

しかし、この先生のアドバイスにもかかわらず、私は四段に昇段したあと、五段の昇段試験を受けに行くのに、5年以上待ってしまいました。

実際には、四段になってから半年後には五段の昇段試験を受けることが許されているにもかかわらずです。

完璧であるか再確認しない

ビジネスでは、私たちは自分の体をあまり使用しません。使っているのはどちらかというとわれわれの頭脳です。ですから、簡単に陥《おちい》るのは、頭のなかで完璧だと錯覚してしまうことです。

これは、ビジネスでの決定のほとんどが会議を通じて行なわれ、私たちが論理的な考え方をしているために起こります。**そして、完璧さと確実性が存在するか**

のように、心は常に再確認を求めます。再確認が始まると、先ほどの私の弓道の昇段試験のように、私たちは決断を延期してしまうのです。

そして、私たちは市場での適切なタイミングを失い、準備ができたときには、競争相手がすでにいるか、市場のニーズが変わったことを知るはめになります。

しかし、ビジネスも本当は頭のなかにあるのではなく、具体的な市場のなかにあります。市場は体のようなものです。それは生きていて、常に変化します。特に今日では、技術的な変化に伴って、変化のスピードが加速しています。

このような状況では完璧と確実性を忘れ、試行錯誤で進むこと、試して学ぶことが重要です。

弓道でひとつ矢を放ったあとにもうひとつ矢を放つように、私たちは次の手を放たなければなりません。そして次の手を放ったあとには、「形」と「心」を向上させるためにその手を省みる必要があります。

このやり方は、米国から導入されて製品開発に適用されている「デザイン思考」のモデルと似ています。最初から完璧な製品を目指すのではなく、繰り返し連続するなかで、よりよくしていくことを目指すのです。

ビジネスのスピードを減速させる完璧主義

新しいプロジェクトを始めるとき、調査をすることは重要ですし、議論を重ねることも大切だと思います。ただ、いくら調査をしても、100%そのプロジェクトが失敗しないという確証を得ることはできません。

議論を重ねて全員が納得できるアイデアが選ばれたとしたら、それはすでにどこかで見たことがあるような陳腐なものでしかないのではないでしょうか。

私はゴディバで仕事をする前、リヤドロというスペインの高級陶磁器の会社の社長を任されていました。このとき、私はリヤドロの人形のなかに、ひな人形があることを知りました。とてもきれいな顔立ちの人形です。

「なぜこれを売らないのですか？」

私は社員の人たちに尋ねました。彼らの答えは、ひな祭りは日本の伝統的な習慣だから、誰もわざわざスペイン製の人形を買わないという否定的な答えでした。

そこで、私はお客様のふりをして、浅草にある日本人形のお店へ行ってみました。私が外国人だからでしょうか。お店の店員さんは親切に教えてくれました。

そして、若い世代の主婦は伝統的なひな人形よりも、ローボードの上に置けるようなコンパクトな人形を望んでいることもわかりました。

私はこの店員さんの意見を参考にして、ひな人形の新聞広告を打つことに決めました。みんな広告を出すことに賛成しませんでしたが、広告の効果は絶大で、ひな人形はリヤドロの会社にとって今までにない大ヒットなりました。

もし、私が完璧主義者で、安心できる調査、社内で全員の賛成を得られるまで議論を重ねていたら、新聞広告を出していなかったと思います。そして、そのシーズンのひな人形のキャンペーンは見送られていたでしょう。

ビジネスで完璧な条件というのはないものです。どこかで、どうしても思い切って判断をしなければいけないときがあります。未来の成否を予測でき、あなたを成功に導く完璧な調査は存在しません。やはり、ギリギリまで検討しても、どこかで判断することが必要です。

ビジネスにとって、いちばんいけないことは完璧な条件や調査を求めて決断を先送りすることです。ビジネスでは、「石橋をたたいて渡らない」では駄目なのです。「石橋を素早くたたいて渡る」ことが重要だと思います。

「なぜ？」と尋ねる力

日本ではミスが起こると、再発防止策よりも先に責任問題に話がすり替わることがよくあります。それがミスの原因を曖昧にし、対策の実施を先延ばしにしているのです。

問題を追及することは、犯人探しとは違う

以前、こんなことがありました。ある部門で業務が滞《とどこお》っていて、問題が発生していました。どうして滞っているのかを調べると、ある部門の担当者が当然果たすべき自分の業務を遂行していなかったのです。

私はどうしてそういう状態になっているのか調べ始めました。すると、あるマネジャーがこんなことを言ってきました。

「シュシャン社長、個人を攻撃しても仕方がないので、これ以上この問題を追及するのはやめませんか」

弓道には「矢所《やどころ》を見る」という言葉があります。それは、安土《あづち》に刺さった矢を見て、なぜその矢が外れたのか原因を探るというやり方です。

安土とは、的を置くために盛り土をして山を築いている部分です。

矢が的に中らず、逸《そ》れて安土に刺さっている場合には、それなりの原因があり

ます。逸れた矢の位置を見れば、自分のフォームのどこに問題があるかわかるのです。

「矢所を見て」自分の問題点を探る。そういう方法論を弓道は伝統的に持っているのです。

ビジネスも同じことだと思います。

結果には、必ず原因があります。特になんらかの問題が起きている場合、その結果を分析して、原因を探り、改善策を考えるのは当然のことです。

ところが日本の場合、問題点を探ろうとすると、「責任問題」というところにテーマがシフトして、「誰々さんが可哀想だから、もうそのことに触れるのはやめよう」という話になってしまいます。

私は個人攻撃しようとしたのでもないし、個人の責任を追及しようとしたのでもありません。

ただ、単純に問題の原因を探ろうとしただけなのです。

失敗した人を責めるのではなく、なぜ失敗したのか、どういうふうに失敗したのかを探ることが重要なのです。

私の個人的な感想ですが、どうも日本は問題が起きると、原因を探らず、犯人捜しをする傾向があるのではないでしょうか。

最近報じられていた児童虐待の問題でも、学校側、児童相談所の対応がマスコミで取り上げられていました。

しかし、問題の根本的な原因は子供を守る強力な執行権が行政側に与えられていないことが、いちばんの問題ではないでしょうか。

個人や個別組織の対応を批判するよりも、現状起きている問題をどう解決すべきか、どうシステムを作り直していくかに話をシフトしたほうがよいのではないでしょうか。

この犯人探しをする傾向が、原因や問題点を探ることを中途半端にしているようにも思えます。

犯人を探して、誰かに責任を取らせる。そして、誰かが処分を受ける。時間が経つとその人が復帰する。そして、結果的には何も変わっていない。そういうことが、日本には多いのではないでしょうか。

外部から見ると、何も変えたくないから、誰かを犯人にして、ごまかしている。

そういうふうに見えてしまいます。

「なぜ?」と尋ねる力

「なぜ?」と尋ねることは、ビジネスでは解決策への扉をこじ開け、すぐれた洞察を引き出すための大切な鍵になると思います。

そしてそれを効果的に機能させるためには、複数の視点からの「なぜ?」という問いかけが重要です。

ゴディバでも、何人かのマネジャーが、「もう、それはすんでしまった過去の話です。これから先のことを話しませんか」と言って、過去の問題の追及を止めようとしたことがあります。

しかし私の考えでは、過去を調べることで、何かが起きた「理由」についての仮説を見つけられ、その「理由」に取り組むことで会社がよりよくなります。

ときどき、スタッフは私に消費者に関するデータを持って来ます。売上の増加、売上の減少、この製品がよく売れた、この店は売上が伸びました、といったデータです。

私はいつも「なぜ？」と尋ねるのは、これらのデータには生命がないからです。私が弓道で学んだ日本語の単語を使うのであれば、それは「生気体」ではなく「死気体」です。

もし、売上の背後にあるお客様の傾向がわかり、より深く生き生きと理解していれば、それは新製品の開発や、うまくいっていないことの修正に繋がります。

あるとき、9月と10月に思ったほど売れなかったゴディバのコレクションがありました。

チームは理由がわからないまま販売実績を報告してきました。

私は「なぜ？」と尋ね、マーケティングチームに店のスタッフに尋ねて理由を見つけさせようとしました。店舗の販売スタッフは、私たちにその商品の包装がお客様に魅力的ではなかったと説明しました。

ゴディバでは、贈り物は非常に重要です。また、お客様は包装のデザインをとても重要視しています。

私とマーケティング部門の誰もが、鮮やかな青と緑を組み合わせたパッケージがかわいいと思っていたので、私たちはその話を聞いて驚きました。

「どうして?」と私はもう一度尋ねました。

チームのみんなは、私のことを「しつこい」と思っているのがわかりました。

そしてついに答えがやってきました。包装は、それ自体はきれいでかわいかったのですが、秋のシーズンには合っていなかったのです。

デパートやショッピングモールでは、9月と10月の商品はオレンジ色などの秋を感じさせる色合いが主流です。お客様もやって来る秋のシーズンを思い起こさせる包装を期待しているのです。

私たちはこのことで、四季の色に合わせた包装をすることが重要だということを学びました。

それは「当たり前」のことです。しかし、私たちは美しく見えるパッケージを作ることにこだわり過ぎて、「季節に合わせる」というこの単純な真実を忘れてしまっていたのです。

コンフォートゾーンの罠に気をつけよう

毎年売上が期待できる定番商品や企画は、危険です。なぜなら、これまで通りやれば失敗しないと考えてしまうからです。失敗のないところに進歩や成長はありません。

うまくいっていれば、変えなくていい？

私がゴディバ ジャパンの社長を任されたとき、ゴディバはバレンタインキャンペーンをテレビコマーシャルでやり始めました。このキャンペーンはふたつの大きな柱がありました。

女性から男性へのギフトだけではなく、友達同士、家族、会社の同僚や上司など、感謝を伝える日としてのバレンタインのキャンペーンがひとつ。

そして、もうひとつは女性が日頃の自分の努力に対して、自らご褒美として贈る「My GODIVA」キャンペーンです。

どちらのキャンペーンも成功し、ゴディバの売れ行きは上昇しました。

こういうキャンペーンを毎年するようになると、私たちはふたつの考え方にとらわれます。

ひとつの考え方は、「去年うまくいったのだから、今年も同じことをやろう」という考え方です。この考え方はとても魅力的です。反対する理由があまり見つかりません。

もうひとつの考え方は、「同じことをやっていてはダメだ、別なことを始めないといけない」という考え方です。この考え方は、とても難しい選択です。なぜならば、自分自身を含め、さまざまな反論が予想されるからです。


「うまくいっているのに、なぜ変える必要があるのか」

「わざわざ結果のよくわからない新しいことをやる必要はない」

「今からそれは無理だ」

「慣れていないことをやると失敗する」


人間は今やっていることが心地よいのです。

しかも、それがうまくいっているなら、なおさらです。

なぜ変える必要があるのか。何も変えずに、今まで通りやっていれば、問題ないじゃないか。

私はこの考え方を、「コンフォートゾーンの罠」と呼んでいます。

コンフォートゾーンの罠とは何か

スポーツをやっていた方なら経験があるのではないかと思いますが、あるレベルまで来ると自分の成績や戦績が伸び悩むことがあります。

そこで、フォームや今までの自分のやり方を変えるという課題が現れます。

簡単にフォームを変えられればよいのですが、今まで慣れ親しんでいたフォームを改造することは、容易なことではありません。

特に、今までにそれなりの成績を残していた人は、変えることに精神的な抵抗感があります。

「今のままで、いいじゃないか」と無意識に考えてしまうのです。

また、変えたために成績が落ちる、不調に陥ることもあります。そして、やっぱりこの方法より、以前にやっていた方法がよいのではないかと考えてしまうのです。

しかし、そうやって従来の安心な方法に戻っても、成績が伸びることはありません。よくて、前と同じくらいです。

むしろ、まわりが進歩したりすれば、自分の相対的なポジションも下がってしまいます。このような状態が「コンフォートゾーンの罠」です。

自分に居心地のよい快適な状態にとどまっているために、進歩しなくなり、いつの間にか停滞してしまう。

そして、最終的には大きな敗北を被《こうむ》ってしまうのです。

絶えざる自己改革だけが進歩を促す

弓道には「中《あた》る下手っぴいは、うまくならない」という言い方があります。

「中る下手っぴい」は、中途半端に矢が的に中るために、自分の下手なフォームを直そうとしません。

そういう人は、弓が進歩しない、という意味だそうです。逆に、下手で的に中らない人は、一生懸命自分のフォームを直そうと努力するから、最終的には進歩する。この言い方は、そんな意味を含んでいると思います。

私は、ビジネスも同じだと考えています。

企業は、ただ「的に中っている」からといって、コンフォートゾーン（自分の居心地のよい場所）にとどまらず、常に自分たちのやり方を改革していくということが重要なのではないでしょうか。

ここ数十年の企業の動向を見てみると、多くの企業が栄光の頂点から陥落しています。

そして、**企業衰退の原因の多くは、時代の流れというよりは、自分の成功体験というコンフォートゾーンにとどまり続けたため**に引き起こされたように見受けられます。

私は、ビジネスも弓道も「下手っぴい」でもいいから、コンフォートゾーンにとどまらず、絶えず自分を改革していきたいと考えています。

なぜ、過去を繰り返さないことが重要なのでしょうか。

それは世界が今までにないくらい刻々と変化しているからです。

今や、米国大統領の単純なツイッターが、世界の経済バランスに瞬時に影響を与える時代です。

数年前までは、すべてが安定していたのです。過去に成功したものを継続することが成功の秘訣だったのです。

今はもう違います。私たちは「今すぐマネジメント」をしなければならない時代を生きているのです。私たちは過去を忘れ、常に新しいものを創造しなければならないのです。

私たちは知っていることを繰り返すほうがいつでも快適です。いわゆるコンフォートゾーンです。しかし、一方では、新しいことを試すことも常にわくわくすることで、仕事に新しさと発見の要素を与えてくれます。

私自身、新鮮な気持ちで、午前中にオフィスに来るように心がけています。そして私のチームや市場がもたらす新しいことに備えています。

そして、私はできるだけ短めに計画し、変化する状況に対応できるようにしています。変わらないのは、ブランドのビジョン「アスピレーショナル&アクセシブル」と、ミッション「チョコレートを通じて人々に幸せをもたらす」です。

ビジョンとミッションが強ければ、それは時代を超越します。状況に応じて「実行方法」と「実装手段」だけを変更すればよいのです。ビジョンとミッションが強いほど、市場の変化に柔軟に対応できます。

なぜ、私たちのコンフォートゾーンから出て、成功するために新しいことをしなければならないのでしょうか。消費者は自分たちを驚かせてほしいと思っているし、意外なことを望んでいるからです。

すべての市場レポートは、消費者が彼らに新しさと驚きをもたらすブランドに魅了されていると報告しています。

毎年同じことをしていて、どのようにして市場で消費者を驚かせることができるのでしょうか。それは単純に言って不可能です。私たちは中身も外側も新しいものを作らなければならないのです。

ゴディバでは、私たちが「2年目の影響」と呼んでいるものを発見しました。新製品を発売したあとや、新店舗を開いたあと、何も新しいことをしなければ、商品や店舗の売上高は、2年目には当然のように減少するのです。

常に新しいものを作り続け、新しいことをやり続けるということは、会社やチームにとってとても大変なことです。しかし、これが私たちの受け入れなければならない、市場のリアルな要求なのです。

コンフォートゾーンから抜け出す方法

この質問は、私がゴディバ ジャパンの社長になってからよく尋ねられてきた質問です。そして、この質問は今まで以上に私にとって重要になると思います。なぜなら、私たちは7年で売上を3倍にして成功してきたからです。

そのうえ、私たちはわれわれをこの成功に導いてくれたものが、私たちを次のステップの成功に連れて行ってくれないことをよく知っています。

次のステップには、次のスキルや考え方が必要だからです。今の心地よいポジションにとどまることは進歩を生まず、かえって停滞や衰退をもたらすのです。

こういう課題にぶつかったとき、私は弓道のことを考えます。弓道もまたコンフォートゾーンが大きな課題だからです。

弓道では、コンフォートゾーンから抜け出すことがとても難しいといわれています。長い間練習して身につけた弓の引き方は、よいところも悪いところも、習慣となって私たちの体に染み込んでいるからです。

たとえ、あなたの心が変化を望んでも、体が心の声をすぐには聞こうとしないのです。そして、体は今までのコンフォートゾーンに従おうとするのです。

変化しようとするあなたの意思を超えて、体が抵抗するのです。

コンフォートゾーンから抜け出して、心がイメージする新しい方向へ導くためにはどうすればよいのか。

方法は、日々練習を重ね、実際にやってみて、失敗し、学び、そして新しい方向へと進み続けるのです。決して古いスタイルを振り返らず、新しいスタイルを強くイメージし続けるのです。

これは大変な努力と決心を必要とします。

そしてある日、それは突然のように起こります。

新しいスタイルがあなたの古いスタイルから立ち現れるのです。

これは論理を超えた自然なプロセスです。日々の練習で見えるものではなく、新しいスタイルは突然現れるのです。

それは人生と似ているかもしれません。

私たちは、自分の子供の成長や庭の木の成長を毎日一時も目を離さずに確認することはできないのです。ある日、私たちの子供は大人になり、若木は堂々とした大木になっているのです。

会社は、さまざまな習慣やプロセスを持った有機体です。会社にも「体」があります。

会社の「体」は、製品を企画し、製造し、そして配給し、利益を上げる方法を、文字通り「体で覚えて」いるのです。

しかし、会社が「体で覚えて」いるコンフォートゾーンは、過去の経済的成功に繋がっているため、「よい」というラベルが貼りつけられていて、習慣化しています。

そして、この「よい」というラベルをつけられた習慣が、将来の成功するかもしれない新しい戦略や働き方への取り組みを妨げる傾向があるのです。

組織をコンフォートゾーンの外に連れ出すために、経営者は少なくとも毎年新しい予算準備のミーティングで、スタッフにこう尋ねるべきです。

「何が改善され、何が変わるのでしょうか」

変化するためには、厳しい決心、努力、忍耐の３つの要素が必要だと私は思います。

なぜ日本人はコンフォートゾーンから出たがらないのか

日本の外資系企業でCEOをしている私の友人は、日本人が変化することに非常に消極的であるとしばしば不満を口にしています。

私は少し日本人を弁護したいのですが、まず、知っていることに固執《こしつ》し、未知のことを恐れるのは国籍に関係なく、人間が本来持っている深い性質なのではないでしょうか。

「うまくいっているのに、なぜそれを変える必要があるのでしょうか」

国籍を問わず、それは誰でも口にする疑問です。

しかしながら、日本で経営に携わってきた多くの外国人CEOは、日本人は外国人よりも変化に消極的であるという印象を持っています。

これは本当なのでしょうか。

私は観察の結果から、残念ながら、これが本当のことだという結論に達しました。そして、私はこれがふたつの大きな理由によるということにも気づきました。

日本人は仕事をうまくやることが大好きです。そして、実際にとても得意です。

これは日本人の特性であり、立派な点です。

仕事が何であれ、清掃から、車の製造、ビルの建設やもっと複雑なものまで日本人はそれを驚くほど立派に成し遂げます。

しかも、無駄がないのです。

それとは対照的に、私たちフランス人は、はるかに「大雑把《おおざっぱ》」です。私たちは完全に物事をやろうとして頑張ったりしません（笑）。

ここが問題なのですが、コンフォートゾーンから出て行こうとするとき、人は物事を完璧にやることができなくなり、多くの間違いを犯し、いろいろなものをうまく扱えなくなるのです。

弓道では、これが非常に明快に現れます。体を調整するのに時間がかかり、的を射る精度は落ち、快適な感覚も失われます。

しかし、これは時間が解決してくれます。いずれ問題は克服され、パフォーマンスが向上します。

ただ、日本人は物事をうまくやる習慣があるため、新しいことに挑戦して、今まで通りうまくいかなくなることが嫌なのです。これが、コンフォートゾーンから日本人がなかなか出ていこうとしないひとつの理由だと思います。

もうひとつの理由は、日本の典型的な教育制度、学習方法によるものです。

コンフォートゾーンから出るための障害となる日本の学習システムはふたつあります。

それは、繰り返しによる学習方法と、先生や先輩からの学習です。

私たちが新しいことをしなければならないときや、会社のコンフォートゾーンの外でプロジェクトを提案するとき、それは新しいので、繰り返して練習する必要はどこにもありません。

また、まったく新しいことを先輩から学ぶこともできません。なぜなら先輩たちは以前にそれをしたことがないからです。

ですから、伝統を守り、継承するうえで、非常に効率的な日本のふたつの学習方法は、日本人が新しいことに挑戦し、コンフォートゾーンから出るときの大きな妨げとなるのです。

私は弓道の学習で、これらふたつの教育方法を強く経験しました。そして、学校の教育方法には、よい面と悪い面があることを学びました。

弓道では、まず朝に、弓道の伝統的な文章『礼記射義』と『射法訓』をみんなで復唱します。私はこの繰り返しが、これらのテキストが完全に理解されるようになる方法であると説明されました。「身につく」ということです。

確かにそれは効果的でしたが、私は機械的な繰り返し、表面的なものにならないように注意していました。

また、先生から学ぶことも本当に重要でしたが、同時に、私は自分自身で試行錯誤し、調べることも大切だと考えていました。先生がいつも私たちに解決策を提供できるとも思わないようにしていました。

ある弓道の先生が私に言いました。

「昔の先生はあまり教えないで、自分で技術を発見できるように生徒を導いていました。今は、多くのことをあまりにも細かく教えています。これは学生の成長や向上には役立ちません」

私は、まさにこのようなことが、日本人がコンフォートゾーンから飛び出すことを妨げる大きな障壁になっていると思います。

ゴディバ流
ハッピーマネジメント

会社は自己実現の場です。だから究極を言えば、会社に行くことが楽しい、会社で働くことがハッピーでなければいけません。ゴディバでは、そんな職場作りをしています。

外資系の企業は人を育てない

知り合いの日本人からそう言われたことがあります。

確かに、外資系の企業にはキャリアアップを目指す人が多く、ステップアップのために2、3年で辞める人が多いのも事実です。

私自身も、転職しながらキャリアアップしてきたわけですから、「転職する」ことに対して否定的なイメージはありません。

ただ、会社を経営する側の立場から言わせていただければ、優秀な人材には長く会社にとどまってもらって、活躍してもらいたいと心から思っています。

ゴディバはチョコレートを通じて、お客様にハッピーをお届けする会社です。

ですから、その会社の社員もハッピーでなければならないと考えています。

社員がハッピーになるためにいろいろな施策を実施していく。それがゴディバ流ハッピーマネジメントです。

社員のみなさんがゴディバという会社のなかで成長していき、ハッピーになっていく。そんなあり方がゴディバの理想であると考えています。

社員のみなさんがハッピーな気持ちで、自分から仕事に向かっていく。そういう形ができたなら、キャリアアップを目指して転職する人がいても、その会社は「人を育てている」と言ってもよいのではないでしょうか。ゴディバはそういう会社を目指しています。

労働力不足時代の理想の職場のあり方とは

いま日本は深刻な労働力不足時代に突入し始めています。

いわゆる団塊の世代という人口のなかで大きな比率を占めていた人たちが引退し始め、その世代が抜けた部分を補うことなく、人口減少が労働力不足に追い打ちをかけているのだと思います。

これから、日本の人々、日本の経営者たちはこの問題に立ち向かっていかなければなりません。

実際にいろいろなことが、さまざまな現場で始まっていると思います。飲食関係では、店舗に立つ店員さんたちを競合企業が奪い合っています。

企業は、シフトの組み方、アルバイト、パートタイム、リタイア世代の起用など、いろいろな方法でこの労働力不足の問題を解決しようとしています。日本政府が打ち出した、外国人労働者の受け入れも、この流れの一環だと思います。

これからも、労働力不足を原因とした問題が起こるでしょう。しかし現在の状況は、悪いことなのでしょうか。働く人たちの立場から考えれば、選択権は働く人たちに移っていると言えるのではないでしょうか。

同じ賃金なら、労働環境がよく、楽しい職場を選ぶ。働く人たちが、そういう選択を繰り返していくことで、世の中は少しずつ改善されていくのではないでしょうか。

また企業側の立場で言えば、**楽しい職場、働く人にとってハッピーな職場を作れない会社は、労働力を確保できず、苦しい立場に追い込まれていくのではないでしょうか。**

これからの日本は、どの会社もハッピーな職場作りをしなくては、いけないのだと思います。

ゴディバ流ハッピーマネジメント

ゴディバはいろいろな人材教育プログラムを実施しています。プロフェッショナルな人材育成と、ハッピーな職場作りを実現するためのプログラムです。

ただ、ここではそれらの専門的なプログラムのことではなく、どこの会社、職場でも簡単にできるハッピーマネジメントについてお話ししたいと思います。

ゴディバには、ヨーロッパ、アメリカ、日本などを含むグローバル全体で、スタッフやチームの成功を祝福する習慣があります。

ゴディバ ジャパンもチームとして何度か表彰されています。また、ゴディバ ジャパンのなかでも、優秀なチームやスタッフを表彰しています。

ところが、私の印象では、日本の企業はこういう社員への賞賛や表彰の機会が非常に少ないように思います。上司といえば、「叱る」「命令する」ということが当たり前、というような風潮が、まだあるのではないでしょうか。

ハッピーマネジメントは、その逆を行くのです。上司は部下を褒める。また、上司だけではなく、社員同士もお互いのよいところを見つけて褒める。とにかく、社内で褒め合う習慣を作るのです。

お互いを褒め合い、お互いをハッピーにして、お客様をハッピーにする。簡単ですが、とても効果があります。みなさんの会社でも、ぜひお試しください。

ただ、私は、**「人間はハッピーであるためには、自立していけなければならない」**とも考えています。

みなさんご存じだと思いますが、ゴディバ ジャパンは売却により独立しました。これはどういうことかというと、社長である私も、これからはグローバルからの指示を待つことなく、いろいろなことを自分で始めなければならないということです。

また、社員それぞれが、新しいゴディバ ジャパンの形を作るために働かなければいけないということです。

誰かからの指示を待って、それを忠実にこなす。そういうことも大切ですが、それだけではこれからは困るとも思っています。なぜならば、「指示を待つ」姿勢は、指示がなければ動かないということに繋がりかねないからです。

時代は流動的で、不安定で、曖昧です。

ひとりの指示を組織が守って動く時代は終わっています。それぞれの状況や局面で、それぞれの判断で仕事を始め、進めていくことをこれからの時代は要求していると思います。

指示を待つのではなく、みんなが自分で発進できる「セルフスターター」になる。

自分で仕事を楽しいものにして、自分もハッピーになっていく。これが、これからのゴディバ ジャパンが目指す新しいハッピーです。

「売る」のを忘れて「売れる」を目指す

売る側は商品を「売った」とよく言いますが、正しくはお客様が「買った」のです。商品は売ろうとしても売れないもの。では、「売れる」ためにはどうすればいいのでしょうか。

ものを売るのは大変か

「営業職や販売職はどうも苦手で……」という人がいます。

私はものを売るのがとても好きですし、面白いと感じています。ビジネスにはいろいろな職種がありますが、販売するということは、仕事のなかでもかなり面白い部門なのではないでしょうか。

ただ、無理に売ろうとする、無理に売らなければならないと考えると、この仕事はつらくなると思います。

当たり前のことですが、買うのはお客様で、われわれではありません。

ビジネスをしていると、この当たり前の事実を忘れてしまいます。

自分たちでは売ったと思っていても、本当は、お客様が買ってくださっているだけなのです。

商品が売れるということは、お客様が主人公になって、買うという行動を起こしたときに初めて発生します。私たちが売ろうとしても、簡単に売れるというものではないのです。

私がかつて勤めていたリヤドロも、いま働いているゴディバも高級嗜好品《しこうひん》の世界です。お客様は「誰かにすすめられたから」といって、商品を買うということはありません。

自分でこだわり、その商品がほしくなったから買うのです。

私はいつも言っているのですが、私たちは、「売るのではなく、自然に売れる」を目指すべきなのです。

では、自然に売れるためには何をするべきなのでしょうか。

「自然に売れる」とはどういうことか

ビジネスでは、「売れる瞬間」をコントロールすることはできません。

その商品がベストセラーになるかどうかは、誰にも判断できません。

製品の企画、作成から製造、その製品を人々に知らせるための広告やプロモーション、販売までの各タスクにおいて、それぞれの担当者が最善を尽くすことだけができるのです。

それぞれの担当者が、それぞれのポジションで努力し、無心に仕事をしているだけですから、誰もどのように売れるかまでは予測することができないのです。ですから、「売れる瞬間」は突然の出来事のように見えます。「売れる瞬間」は、自然で予想外のように感じられるのです。

「道は自然に法《のっと》る」（『老子』上篇二五章）

もし私たちが老子の言うような宇宙の法則を信じるとするならば、商品が「売れる」ということは、消費者へのサービスの純粋な努力が行き着く先の自然な結果なのかもしれません。

こういうふうに考えると、売る行為は、できるだけ自然に逆らわないで、消費者へのサービスのために努力するべき行為なのではないでしょうか。

売上の数字を逃すとか、売上の数字を獲得するとか、そういう自己のキャリアのためのエゴは売る側から排除すべきなのです。

この「自然に売れる」という哲学は、市場に徐々に出てきています。

たとえば、化粧品業界のリーダーであるロレアルの『ランコム』ブランドは、最近美容アドバイザーのためのトレーニングプログラムを変更し始めました。

これまで、日本のビューティーアドバイザーたちは、商品の見せ方から売り方まで、販売マニュアルを厳守する必要がありました。彼女たちはただ役者としてマニュアル通りに演じるように要求されていたのです。

しかし最近、グローバル本部は、そのやり方が消費者と対話するための適切な方法ではないことに気づきました。

彼らは、従来からのアプローチが製品の販売に効果的ではなくなってきたことを発見したのです。

ミレニアル世代は企業の態度に敏感です。企業が彼らに製品を押しつけていると感じるとすぐに引いていくのです。

消費者と気持ちを通じて個人的なレベルで繋がれるように、ロレアルは美容アドバイザーたちに、それぞれが自分らしく振る舞い、自分たちがお客様にしてあげたいように行動するように頼みました。

これはもはや「製品を販売する」のではなく、「サービスを提供し、他の人間と繋がる」ということです。

誰もが販売について忘れて、そこにコミュニケーションの流れが起きた結果として販売が成立するということです。

これはロレアルの美容アドバイザーに対するトレーニング哲学の大きな変化です。そして、この出来事は、古い販売方法が徐々に消えつつあることを示唆しているのではないでしょうか。

「自然に売れる」ために努力する

先ほど引用させていただいた老子には。次のような一節があります。

「為《な》す無きを為《な》し」（『老子』下篇六三章）

私は最善の状態で商品を売るとは、このことではないかと考えています。英語では「doing without doing」と訳します。いろいろな解釈があるようですが、私はこんなふうに解釈しています。

作為的なことをしないために、いろいろな努力、アクションをするということです。

お店ならば、最後の段階で「自然に売れる」ようにいろいろな努力をすることです。無理矢理売りつけたりすることのないようすべての努力をするのです。

よい製品を作る。よい広告やプロモーションを展開する。お客様の目を引くパッケージを作る。お店をアクセスしやすい場所に作る。感じのよい店員さんを雇う。すべて売るための努力です。

こういう「自然に売れる」ための努力をしたあとに、お客様が自然に手に取ってくださる。

それがセールスの理想ではないでしょうか。

人は誰かが自分に何かを売ろうとしていると、「ほしくもないものを売りつけられるのではないか」と警戒してしまいます。

そう考えると、セールスの基本は、お客様に売るのではなく、「お客様が購入するのをお手伝いする」というポジションが、一番よいのではないかと思います。

私自身も、高額な商品を売ったことがあります。

売っていた自分で言うのも変な話ですが、お客様が興味を持ったその高額商品がそんなに簡単に売れるとは思っていませんでした。

そのお客様もお金持ちというよりは、少し年配の会社員という感じの方でした。気軽に質問してくるお客様に、私もその商品の魅力を気楽に説明していました。

私自身、その商品の持つ物語に魅了されて、その物語を説明するのに夢中でした。売ることを忘れていたのです。

ですから、お客様が商品を購入すると私に告げたとき、私は思わずお客様に次のように聞いてしまいました。

「本当にこれでいいんですか。ほかにもいろいろありますよ」

私の質問に、お客様は笑いながら、これを買うとおっしゃいました。

最強のセールスとは、売るための努力をして、売ることを忘れること。

私はそんなふうに思っています。

日本の消費者の目が世界で戦う最強の武器

世界の人々にとって日本製品は、日本人の想像以上に強い人気があります。なぜそれほどまでの商品となっているのか。その理由は、日本人消費者の厳しい基準にあります。

なぜ、日本製品は人気があるのか

１９８０年代、日本の国内市場は旺盛な消費意欲を持つ団塊の世代が主導していました。この元気な国内市場を背景に、日本の企業は世界へ進出しました。購買意欲の高い国内市場で商品を鍛え上げ、マーケット的に強い商品にしてから海外に輸出する。

このパターンで、世界の競合を打ち負かしていったのです。

しかし、この世の春を謳歌していた日本の企業も、バブル崩壊後、アップルやグーグル、アマゾン、フェイスブックなどの新しい時代の寵《ちょう》児《じ》が世界を席巻し、中国や韓国のメーカーが台頭してくるなかで、かつての輝きを失っているように見えます。

でも、本当にそうなのでしょうか。最近のインバウンド需要を見ていると、日本の企業は依然強いのではないかと、私は思ってしまいます。

中国からの観光客は、日本製の紙おむつや温水洗浄便座、家庭用医薬品、化粧品などを大量に買い求めています。

また、来日した世界中のシェフたちは日本の包丁を買い求めます。さらに日本の砥石《といし》まで売れているのを見ると、日本という国の持つ強さの秘密が、少しわかるような気がします。

日本には、明治時代に資本主義が確立する前から連綿と受け継がれてきたもの作りの文化と伝統があります。そのもの作りの技術に支《ささ》えられた商品と、日本独自の市場のなかで鍛え上げられてきた商品が強いということです。

包丁はまさにそうではないでしょうか。伝統的な技術に裏打ちされたその切れ味は世界中のシェフを惹《ひ》きつけています。さらに、切れ味だけではなく、包丁の種類の豊富さも注目を浴びているようです。

世界中に包丁はありますが、日本のように細分化していて、目的別に分かれているものはないという話です。それに、シェフの名前を入れてくれるという付加サービスも魅力となっているようです。

また、温水洗浄便座がそうですが、これは日本で独自に生まれ、進化してきた商品です。世界のどこにもなく、日本独自の世界で進化してきた市場が国外の消費者を魅了しているのです。

日本の製品にはふたつの魅力がある

私は常々、日本製品にはふたつの魅力があると考えています。

ひとつは、日本の優秀な技術力と労働力、厳しい品質管理に支えられた日本製品の質の高さです。

日本製品なら安心。そう考えている人が、世界の消費者には多いのです。多分このことについては、みなさんも賛成していただけるのではないかと思います。

そして、もうひとつの日本製品の魅力とは、世界でいちばん優秀な消費者である日本人がその製品を使っているということではないでしょうか。

日本の消費者は世界でも特別な存在です。

バブルを体験し、海外旅行の経験も多く、世界のいたる所で買い物を経験しています。洗練のされ方、ショッピングの経験と質が他の国々の人々と比べて格段に違うのです。

そして、商品の品質、安全性、デザイン、新規性、包装紙、ラッピングの仕方、広告などのすべてに感度が高く、基準が厳しいのです。

この高い基準をくぐり抜けてきた日本の商品は、それだけで魅力的です。**厳しい基準で商品をチェックし、中身にも、外見にもこだわる日本の消費者のお墨付きがついた製品が、日本で販売されている商品なのです。**

中国の人たちが紙おむつや粉ミルク、日本の家庭用薬品を買い求めるのは、「日本人が使っているものだから安心」「日本の市場で流通しているものだから安心」という心理的な背景があるからではないでしょうか。

同じ会社の紙おむつでも、中国工場で作られたものより、日本の工場で作られたものを中国の人たちは買い求めて、日本にやって来るようです。

こういう日本のブランド化は、日本の企業にとって強い武器になるのではないでしょうか。

売り先を国内から世界に変えるグローバル化の波

日本の企業は今まで、国内市場向けに販売し、その商品を世界に売り出すという販売戦略でした。しかし、この戦略は古いと思います。

日本の人口減少を考えると、これからは最初からグローバル市場を目指すべきではないでしょうか。

日本の企業は今までの国内市場優先のマインドセットを変え、ヨーロッパ、アメリカ、中国、アジア、オーストラリア、ニュージーランド、日本をひとつのマーケットと考える見方に移行するべきです。

そして、私がいま申し上げたことを実行するためには、日本の企業はある問題点を改革するべきだと思います。それは、日本の上場企業の経営人を見ると外国人が少なく、日本国籍の社長がほとんどだということです。別の言い方をすると、企業の上層部に国籍や人種の多様性がないということです。

グーグルやマイクロソフトの社長はインド人です。アメリカのテック企業を見てもまだ白人偏重傾向はあっても、人種の多様化は進んでいます。ゴディバジャパンも、フランス人の私をはじめ、日本人、アメリカ人、イギリス人、など多様な国籍の人間で経営陣は構成されています。

グローバル化に対応できる経営陣の多様化を進め、日本の消費者のきめ細かな感性で、世界市場を目指した商品を作れば、日本の企業はきっと世界的なヒット商品を生み出せるのではないでしょうか。

食品業界でいえば、日本の食品は、イスラム教の「ハラル」、ユダヤ教向け「コーシャ」に対応しているものはまだまだ少ないようです。

イスラム教徒の人口は世界人口20％ぐらいを占めています。この市場に出て行かない手はないのではないでしょうか。

アメリカの上流階級にはユダヤ教の人も多く、パーティーなどでもコーシャ用の食事やお酒が用意されていたりします。コーシャには厳しい基準があり、コーシャ認定だと安心というイメージがあります。日本の優れた食品をコーシャ認定にし、世界へ売り出せば人気が出るのではないでしょうか。

日本の企業は、日本人消費者の高度な感覚と厳しい目を武器にしてグローバルな世界に出ていけば、これからもいくらでも勝機があると思います。日本の優れた消費者の意見を吸い上げて、世界に出ていくべきなのです。

世界の人々は自分たちに向けて作られた日本の製品を待っている、と私は思います。

欠点は直せないがブラインドスポットは直せる

日本では長所を伸ばす指導より、欠点を直す指導が多いように思います。でも、完璧な人間はいません。欠点を直そうとするよりブラインドスポットに注目してください。

欠点を直すべきか、長所を伸ばすべきか

たとえば、私の会社にチョコレートを作るのが大好きだけど、人と話すのが苦手という人がいたとします。

このとき、この人の欠点は非社交的なところだから、人と話せるようになるように店舗に立ってもらって、販売をやってもらおう。このように考える人事担当者はあまりいないのではないでしょうか。

私が人事担当者だとしても、チョコレートを作ることが大好きな人には、シェフとか製造部門担当者というポジションを与えると思います。

私は欠点を直すより、長所を伸ばしたほうが断然効率的だと考えています。欠点を直す時間があるなら、長所を伸ばすことに時間を注いだほうが、本人にとっても、会社にとってもメリットがあるのではないでしょうか。

このように、組織論的な観点で見れば、会社は社員の「欠点を直す」より、「長所を伸ばすべき」ということになるのではないでしょうか。

また、「欠点を直す」という考え方には、「完璧な人間が要《い》る」という考え方が

潜んでいるように思います。

欠点を直していって、少しずつ完璧な人間に近づいていく。そういうイメージがあるのではないでしょうか。しかし、ある程度人生を経験された方ならわかると思いますが、完璧な人など存在しません。

出会ったときは完璧に見えた恋人も、いつの間にか欠点の多いパートナーに変わっていたりします（笑）。

そういうことを、みなさん経験しているのではないでしょうか。**人は人に、完璧を求めてはいけない。欠点はその人の個性、魅力だと考えたほうがよいと思います。**

ブラインドスポットは直せる

欠点と似ていますが、もうひとつブラインドスポットというものがあります。日本語で訳すと「盲点」とか「死角」というのでしょうか。ビジネスでは、企業が戦略的に見逃してしまうポイントのようなことで使ったりします。

私はここでは企業ではなく、個人の問題としてブラインドスポットをみんなが持っていると考えています。特にその人の行動や習慣のなかにブラインドスポットはあります。

わかりやすい例でいうと、私の場合のブラインドスポットは、会議のときに最初に自分のアイデアや考え方を言ってしまうということでした。

これは、企業のトップやリーダーに多いタイプなのだそうです。社長やリーダーが最初に自分の考えを言ってしまうと、社員やチームのメンバーはその意見に合わせた考え方を発言しがちで、議論に多様性が出ないというのです。なるほど、と思いました。その指摘を受けてから、私は会議のときにはまず社員やスタッフの意見を聞くところから始めるように習慣を改めました。

私の場合、そのことを指摘してくれる人がいたので、気づくことができましたが、ブラインドスポットは盲点や死角というだけあって、自分ではなかなか気づきにくいものです。

ですから、ブラインドスポットを発見するためには自分のやっていることを人に見てもらって、アドバイスを受ける必要があると思います。

欠点は直せないが、習慣的なクセや、もののやり方はいくらでも改めることができる、ということは覚えておいてもいいでしょう。

グローバル化を目指すなら、教え方を変えるべき

他の項目でも書かせていただきましたが、日本人は教えることが下手なような気がします。まず褒めることをしない。欠点を指摘する。みんなを同じ枠にはめ込もうとする。そういう傾向があるのではないでしょうか。

日本の教育は、よいところを伸ばすというよりは、欠点や誤りを指摘して、平均化した優等生を作ることを目指しているように見えます。

この教育方法は、ふたつの理由で日本にとってマイナスだと思います。

第一の理由は、既存のシステムのなかで真面目に働く人間は作れても、これからの時代を切り開く独創的な起業家や、国際社会のなかで活躍するような、異文化への対応力が豊かな人間を作ることは難しいからです。

欠点のない平均的な人間より、多少欠点があっても独創的で、想像力の豊かな

人間がこれからは必要とされます。

ＡＩ化が進み、ミスが許されない事務作業のようなものは少しずつ人間の手を離れて自動化されていきます。そのとき、必要とされるのは、新しい時代の課題に、新しい解答を用意できる人間です。そういう人間を育てる教育システムがこれからは必要なのではないでしょうか。

そして第二の理由は、外国人労働者の受け入れという問題です。これからの日本は労働力不足の解消として、外国人労働者を受け入れていくことになります。外国人労働者が喜んで日本に来てくれているうちは問題ないかもしれません。

しかし、外国人労働者の獲得を他国と競い合わなければならなくなったとき、今の教育のままだと、日本は労働者獲得競争で敗れる可能性があります。

なぜならば、外国人労働者は賃金の獲得だけではなく、質の高い職業教育を望んでいるからです。

質が高く、豊かな個性を引き出す。日本人でも、外国人でも楽しく学ぶことができる、そういう教育システム作りをしていく必要があるのではないでしょうか。

PART 3

夢を叶える
たった1つの考え方

実現したい夢を言葉にする勇気を持とう

多くの日本人は、やりたいことに対してさまざまな条件がそろわないと動き出さない傾向があるようです。でも、そんな前提条件を飛び越えて夢が実現することもあります。

日本人は、実現したい夢を口にしない

日本に在留している外国人向けの講演会でスピーチをしたことがあります。そのときにこんな質問が出ました。

「ジェロームはどうやって日本人を働かせているの？　日本人はできない理由ばかり言っているでしょう」

そこにいる人たちは外資系企業の経営陣が多くいました。私は、日本人ができない理由ばかり言っているとは思わなかったので、この質問が意外でした。

しかし、すぐに思い当たることがありました。条件がそろわないとなかなか動き出さない。日本人スタッフにはそういうところが確かにあるのです。

日本の教育システムは、欠点や間違いを是正《ぜせい》することに重きを置いています。そうすることで、完璧な状態や間違いのない状態を目指して努力する人々を生み出してきたのです。

ただ、この教育システムの問題点は、「完璧」や「間違いのない状態」が、実は世界や人生のなかで決して普遍的なものではないということを忘れてしまって

いるということです。

欠点や間違いを是正してばかりいると、人々は誤りを訂正することのみに集中し、形式だけの正しさ、形だけにこだわるようになります。

この教育システムは、エラーを見つける批判的な視点と、間違いを探し出す強力なスキルを日本人に与えるかわりに、新しいものを生み出し、未来をイメージし、人々に夢を見させる力といった才能を奪っているようにも見えます。

別の言い方をすると、日本人は、実際に行なってみて、それが実現するまでは、あまりよいことを言わないようなところがあると思います。そして、いったん物事が動き出せば頼りになるのも日本人です。

しかし、これから世界の人たちとかかわっていく場合はもっとポジティブな発言をして、最初から積極的にかかわっていく。そうしていかないと、やる気がないのではないか、消極的なのではないかと疑われる恐れがあると思います。

また、前提条件がそろっていなくても、大きな夢や、実現が難しそうなことを語ることで、夢が実現することもあることを、日本人は知っておいてよいのではないでしょうか。

自分の言葉が持つ力を信じる

パワー・オブ・マインド。パワー・オブ・ワード。心と言葉には力があります。

ケネディ大統領は、NASAに有人宇宙飛行センター用の広大な敷地を寄付してくれたライス大学で、アポロ計画について次のような演説をしています。

「われわれは、月に行くことを決めました。われわれは、今後10年以内に月に行き、そしてさらなる取り組みを行なうことを決めたのは、それが容易だからではありません。それが困難だからです」

ケネディがアポロ計画を議会で表明したのが1961年5月です。この時点でアメリカは、ボストーク1号で人類初の有人衛星を打ち上げていた当時のソ連（ソビエト社会主義共和国連邦）に宇宙競争では大きな差をつけられていました。アメリカの実力といえば、やっと弾道飛行でひとりの飛行士を宇宙に打ち上げて、地球に帰ってこさせることができたという程度の実力でした。

ライス大学でケネディがこの演説をしたのは、1962年の9月です。このときまでの米ソの宇宙競争はどのような状態だったかというと、61年の7月にアメリカが二度目の有人飛行を成功させた途端、翌月にはソ連がボストーク2号で1日中地球の周りを周回し続けることに成功させました。

少し追いついたと思ったら、すぐにもっと差を開かれた。そのときから7カ月後、62年の2月にアメリカはやっと軌道周回飛行を成功させました。それでも、トップを走っているのはまだまだソ連だったのです。

そんななか、同年の9月にライス大学で、ケネディははっきりと「われわれは月に行くんだ」と宣言してしまうのです。

月に行ける目算も技術的実力もなく、NASAの関係者さえ実現性を疑っていたときに、堂々と実現が困難な目標を語る。

ケネディは何を信じてそんなことを語ったのでしょうか。

アメリカの国力、国民、NASAの技術力、いろいろなことをケネディは信じていたのだと思います。

でも、いちばん信じていたのは、自分の言葉の持つ力だったのではないでしょうか。

そして、ケネディの言葉のとおり、1969年7月20日、アポロ11号によって人類初の月面着陸を成功させることになるのです。

夢の力は、すべてが可能である未来を想像することです。あなたは、あなたの夢を制限する、恐れや束縛を許さないでください。いつも前向きなことを想像してください。

そして、あなたの夢を、あなたが書いた文章や、あなたがデザインしたイメージのなかに置いてください。この練習は非常に大きな力を持っています。

そして、この練習があなたの夢の実現の始まりになるのです。

アメリカ人のように夢と精神の力を信じる国もあれば、日本人のように夢の力よりも現実を見つめる国もあります。実際には両方が必要だと思います。

ポジティブな未来の夢を持つことと、その夢を実現するための地道で現実的な努力です。

しかし、最初は夢から始まるのです。それから、2番目のステップで現実が動き出すのです。私たちが現実から始めれば、夢は起こり得ません。

プロジェクトチームには、ドリーマー（夢見る人）とリアリスト（現実主義者）の両方が必要です。

夢想家は未来を見て、現実の障害を見ません。現実主義者は夢を見ず、現実のなかでやるべきことを見ています。どちらも夢を実現するためには必要なのです。ただ、私は、日本での最大のチャレンジは、人々を未知の場所に移動させることだとも思っています。これは文化的な問題なのかもしれません。

たとえば仕事の場面でも、私はポジティブな未来に目を向けますが、私のチームはあらゆる困難さに目を向けてしまいます。

誰もが新しいことや、夢を実現することになかなか動こうとしないのです。

この難しさは本当のことで、何かを始めるのを、中止したことが私にもしばしばあります。

この日本では、夢を実現するために、新しいことを始めるのは、いつも大変なエネルギーが必要だと思います。

ゴディバ ジャパンに起きた不思議な出来事

ケネディの話を紹介させていただいたのは、ゴディバ ジャパンでも言葉の力を感じさせる不思議な出来事があったからです。

私たちは「お客様にハッピーをお届けする」という会社の理念を社員一人ひとりが実現できるように、いくつものトレーニングセッションを社内で行なっています。

そのなかのひとつに、「自分の実現したいゴディバの5年後を絵に描く」というトレーニングがあります。このトレーニングは、私の前の本でも紹介させていただいたのですが、とても楽しい訓練です。

最近、過去に行なったこのセッションの絵を見たら、不思議な言葉が絵に書き添えられていました。

「工場を持つ」

そして別の絵には、こうも書かれていました。

「本社になる」

読者のみなさんでもご存じの方がいるかもしれませんが、ゴディバ ジャパンは売却され、グローバルから独立しました。

この売却によって、ゴディバ ジャパンは、日本、韓国、オーストラリア及びニュージーランドにおける小売および流通事業と、在ベルギーの生産工場を所有することになりました。

その絵に添えられていた言葉通り、私たちはいつの間にか「本社」になり、「工場を持つ」ことになっていたのです。

あとがきにかえて

みなさん、この本に長い間お付き合いいただきありがとうございました。

私は日本に来て、弓道に出会ったことを非常に感謝しています。弓道は、私の人生にもビジネスにも、大きな知恵と示唆を授けてくれました。

いろいろあったこの1年を振り返っても、私はさまざまな面で弓道の考え方や、弓道をやっていたことによって大いに助けられてきたと思います。

こんなことを言うと妻に怒られそうですが、弓道は私の生涯の伴侶なのだと思います。

さて、まえがきの続きです。

ゴディバ ジャパンの売却プロジェクトが進むと私の立場は微妙に変わってきました。売る側のプロジェクトチームのメンバーというよりは、売られる会社の社長という立場に変わってきたのです。

私たちゴディバ ジャパンのチームは、買収に手を挙げた企業に対してプレゼンテーションをしなければなりませんでした。

そして、ゴディバの売却チームはそのプレゼンを黙って見守り、売却先を決めるという立場に変わりました。当然のことながら、プレゼンテーションをし、売られる立場の私はそこにはいません。

私と私たちのチームは、手を挙げてくれた多くの企業に対して公平に、分け隔てなく全力を尽くしてプレゼンしました。これは、自分にできることを正しく行なうという「正射必中」の精神です。

先ほど公平にと申し上げましたが、これは少し不正確かもしれません。なぜなら、私たちはプレゼンをするたびにプレゼンが上達したからです。

そして、私たちのチームは自信をつけ、プレゼンを重ねるごとに元気になっていったのです。

こういうプレゼンテーションを数多く見ている銀行担当者が不思議がっていました。普通はだんだん疲れて、やる気がなくなってくるのに、どんどん元気になるのは珍しいし、買収を希望するどの会社も途中で降りないのも珍しいと言っていました。

これにはひとつ大きな理由があると私は思っています。プレゼンテーションの場でも私は言ったのですが、この売却がネガティブな売却ではないということです。会社が不調で困って、会社を売るわけではないのです。

売上も伸びている会社が、その明るい未来を託して売るのです。


そして、私の「念じる力」の話をしましょう。

私は自分の意見が言えない立場ながらも、売却先はファンド系がよいのではないかと思っていました。

その理由は、食品メーカーが入ってくると、その食品メーカーの色がゴディバの持つブランドカラーとぶつかることがあるのではないか、と考えていたからです。

また、親会社の都合で動くようになることも、ゴディバというブランドを守るためにはよくないのではないかとも思っていました。

もちろん私は立場上、この私の意見を誰にも言いませんでした。ただ、心のなかで私は強く思っていたのです。

ゴディバ ジャパン売却チームの最終的な決定のあとも、私たちには売却先が知らされませんでした。本当に最後の最後まで私たちは知らされなかったのです。

しかし、結果はみなさんもご存じの通りです。ゴディバ ジャパンを買収したのはファンド会社であるＭＢＫパートナーズでした。

日本では、ファンド会社によいイメージがないようですが、ファンド会社が適切に機能して、優良なビジネスへの投資が増えることはその国の経済にとって、とてもよいことだと私は思います。彼らは黒子として、私たちの経営方針をサポートしてくれると言っています。まさに理想のパートナーです。

さらに、最終章にも書きましたが、ゴディバブランドの要であるベルギーの工場もゴディバ ジャパンの所有になりました。

決して最終的なゴールを見据えた動きをしていたわけではありませんが、できることはすべてやり、終わってみれば理想な形に落ち着いたのです。

私はこれらの決定に対して、なんの決定権を持っていませんでした。

ただ、私はやれることをすべてやり、あとは何もしないで、何かが起こるのを待っていただけなのです。

何かが自然に起こるために適切な努力をし、あとは待つだけ。

もどかしいようですが、ビジネスとは結局、そういうことなのかもしれません。

私たちはいろいろと努力することはできるけど、最後にことを起こしてくれるのは、お客様であったり、取引先であったりするのです。

この1年間に、私はそういうことを学んでいたのではないかと思います。


最後に、少し面白い話をして終わりたいと思います。

2018年の11月頃、ゴディバ ジャパンの売却プロジェクトが秘密裏に進んでいるなか、私は自分の心を平穏にするために上海で行なわれる弓道のセミナーに参加することにしました。

連日、次から次へと起こる売却のためのあれやこれやから身を遠ざけて、少し自分自身の落ち着きを取り戻そうと考えたのです。

弓道が教えてくれている平常心を取り戻すためです。

ところがそのセミナーのさなか、秘密裏に進めていた売却の話がアメリカでニュースとなり、日本でもニュースとなったのです。

どこで漏れたのか、誰がニュースを流したのか。

弓道の練習をする私のところに、ひっきりなしに電話がかかってきました。私はその対応に追われました。

そして日本に帰ってくると、上海から連絡がありました。

「ジェロームさん、あなたの矢を忘れていっていませんか。こちらにあなたの矢がありますよ」

そうです、私は大切な矢を上海に忘れてきていたのです。

平常心を取り戻すために弓道の練習をしに行くと言っていったのに、私は全然平常心ではなかったのです。

私はまだまだ、修行が足りないのです。

これからはどんなことがあっても平常心でいられるよう、さらに修行を重ねていきたい。私はそう願っています。

２０１９年7月　ジェローム・シュシャン